뷰카(VUCA) 시대의
커리어 디자인

한계 돌파를 위한 4단계

뷰카(VUCA) 시대의
커리어 디자인

저자 | 가타오카 유우지(片岡裕司)
키타무라 유조(北村祐三)
아유하 타카시(阿由葉隆)
번역 | 허제인

북마크

새로운 목표를 계속해서 만들어 내야 하는 뷰카(VUCA) 시대

'나의 커리어, 지금 이대로 괜찮을까?'

이 책을 선택한 많은 분들이 이러한 불안을 안고 있다고 생각합니다.

'뭔가 바꾸고 싶기는 한데 어떤 것부터 시작해야 할지 잘 모르겠어.'

'지금의 직장을 계속 다니고 싶지는 않지만 생계를 위협하는 선택을 할 수도 없고….'

'자격증 취득도 생각해 봤지만 내 커리어에 실제로 도움이 될지 확신도 없고….'

'뭐든 열심히 할 준비는 되어 있는데 어떤 것부터 해야 할지 불안해서 잘 모르겠어. 아직 급하진 않으니 잠시 접어두고 지금 하는 일이라도 열심히 하는 게 최선이지…'

여러분이 위와 같이 생각하는 것은 당연한 일입니다. 그 이유는 **일하는 방식이 하루가 다르게 변화하고 있는 시대의 특성과 지금까지 커리어를 고민해 왔던 방법이 맞지 않았기 때문입니다.**

일하는 방식의 대전환점이 도래했다!

이 책에서는 격변하는 지금의 시대를 목표가 사라지고 소유할 수 없는 '목표 상실 시대' 다시 말해, 커리어 측면의 뷰카(VUCA) 시대라고 명명하고 있습니다. 잠시 다른 이야기를 하면, 전국시대(戰国時代: 15세기 중반부터 16세기 후반까지 일본의 사회적, 정치적 변동이 계속된 내란의 시기)에서 에도시대(江戸時代: 도쿠가와 이에야스가 세운 에도 막부가 일본을 통치한 1603년부터 1868년까지의 시기. 에도시대 일본에서는 급격한 경제 발전이 이루어졌고 유례가 없는 번영을 누림), 그리고 메이지유신(明治維新: 1868년 일본이 정치 · 경제 · 문화 전 분야에 걸쳐 근대화를 성공시킨 과정과 일련의 대사건)으로 변화해온 시대를 생각해 보십시오.

전국시대의 무사들은 목표가 명확했습니다. 전쟁에서 무공을 쌓으면서 사회적으로 출세를 했습니다. 출세하기 위해서 검술을 배우고, 모든 노력을 기울여 무예를 연마했습니다. 에도시대에 접어들면서 오랫동안 전쟁이 없는 시대가 되고, 무사는 무엇을 지향해야 할지, 무엇을 위해 노력해야 할지 불분명해지고 고민은 다양해져 갔습니다. 더욱이 시대는 변화에 변화를 거쳐 메이지시대로 넘어오면서, 결국에는 무사 계급 자체가 사라졌습니다.

뷰카(VUCA) 시대의 커리어 측면의 특징은 **목표 그 자체가 없어지기도 하고, 의미를 상실해 버리는 등, 예상 외의 변화가 일어나는 과도기적 현상들**이 나타나는 시기라는 점입니다. 그리고 현재 우리를 위협하고 있는 것은 전국시대에서 메이지유신에 이르는 시대의 특성과 같은 급격한 변화도 나타납니다. 이러한 변화의 시대가 바로 커리어 측면의 뷰카(VUAC) 시대입니다.

한 직장에서 전문성을 추구하며 임원이 되기 위한 목표를 세우고, 이러한 목표를 달성하기 위해 노력하는 모습이 일반적인 직장인의 모습이었습니다. 그러나 앞으로의 20년은 맹렬한 속도로 하루가 다르게 변화할 것입니다.

전국시대의 무사들이 오늘날의 직장인이라고 한다면, 이러한 신분(직업)은 언젠가는 사라질지도 모릅니다. 이러한 변화를 가속화하는 것이 '고령화', '100세 시대', '인구 감소', '코로나 위기' 등과 같은 시대적 배경입니다.

뷰카(VUCA) 시대에 기다리고 있을 '상상 이상의 새로운 나 자신'

뷰카(VUCA) 시대라는 단어를 부정적으로 인식하는 사람들도 있습니다. 그러나 본질은 사회가 규정하고 우리가 '당연하다'고 생각했던 목표들이 점점 사라지는 대신, **나의 새로운 목표를 창출하는 시대로 바뀐다는 점**입니다. 예를 들면, 무사는 과거에는 칼을 잃어버리면 그 존재 의미를 상실했지만, 지금은 사업가든 교사든 새로운 산업의 일꾼으로 어떤 직업이든 전환할 수 있는 기회를 얻을 수 있습니다.

뷰카(VUCA) 시대에 소중한 목표를 잃어버린다는 것은 충격적인 일이지만 관점을 달리하면 목표를 잃어버린 이후는 상상조차 하지 못했던 새로운 나와 만나는 기회이기도 합니다.

이런 기회를 잘 살리기 위해서는 **새로운 목표를 창출하는 방법론이 필요**합니다. 이 책에서는 뷰카(VUCA) 시대를 개척해 나갈, 뷰카(VUCA) 시대에 걸맞는 커리어 설계의 방법론을 이야기할 것입니다.

지금까지의 커리어는 'WILL x CAN x MUST'의 세 가지 관점에서 목표를 도출하는 방법이 종종 사용되었습니다. 목표를 정할 때, 더 효율적인 프로세스를 설계하고 달성하기 위해 노력하는 것은 당연합니다. 한편, 뷰카(VUCA) 시대의 커리어 디자인에서는 프로세스 안에서 점진적으로 목표를 만들어 갈 것입니다. 목표 생성의 초석으로 **가장 중요한 것은 커리어 목적(Purpose)을 육성하는 것**입니다.

'4단계'를 순환시켜 나가기

'뷰카(VUCA) 시대의 커리어 디자인 4단계'

[1단계] 커리어 목적(Purpose)을 육성하기

[2단계] 체질 개선에 주력하기

[3단계] 목표를 많이 만들기

[4단계] 커리어를 즐겁게 실험하기

이러한 단계들이 순환하면서 목표가 하나하나 만들어지다 보면 지금은 예측할 수 없는 상상 이상의 나로 변화할 수 있습니다.

[도표 시작하며-1]

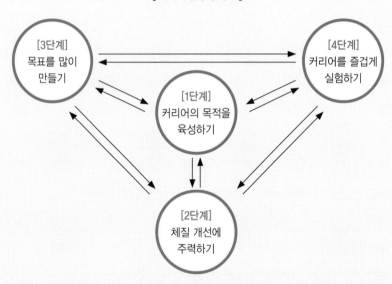

시대를 막론하고 변화하는 시대에 대항하는 사람에게는 변화가 역풍으로 작용하고, 받아들이는 사람에게는 순풍으로 작용합니다. 지금

여러분이 인생을 살아가면서 역풍을 느끼고 있다면 반드시 순풍으로 바꾸기를 바랍니다.

'목표 주도 → 목적 주도', '혼자서 고민한다 → 타인에게 물어본다', '좁혀 나간다(수렴) → 확장해 나간다(확산)', '면밀한 행동 계획 → 즐겁게 실험' 등과 같이 이 책에서 설명하는 방법은 간단하면서도 전혀 어렵지 않습니다. 단지 기존의 상식과는 많이 다르기에 보수적인 분일 수록 거부감이 있을 것입니다. 하지만 '할 수 있는 것' 중에서 '하고 있지 않는 것'으로 확장한다면 여러분의 인생도 대대적으로 변화할 것입니다. 즐긴다는 마음으로 책을 읽어가면서 용기를 가지고 다양한 일에 도전한다면 더할 나위 없이 기쁘겠습니다.

워크숍 형식으로 즐겁게 실천하기

이 책은 모두 8장으로 구성되어 있습니다. 서장에서는 커리어 디자인의 방법을 바꿔야만 하는 배경에 대해서, 제1장에서는 뷰카(VUCA) 시대의 커리어 디자인의 전체 모습인 4단계를 설명합니다. 제2장부터 제5장은 각각의 단계에 대한 설명과 워크숍, 사례 연구로 구성해 놓았습니다.

커리어 디자인에서는 기업의 인사 부문의 역할도 중요합니다. 제6장은 인사 업무에 종사하고 있는 분들에게도 도움이 될 수 있도록 기업 사례를 소개하고 있습니다. 마지막 장은 전체를 통합하는 형식으로 구성하였습니다.

서장부터 순서대로 읽어가기를 권하지만, 워크숍을 진행하면서 가능하면 빨리 커리어에 대해 고민해 보고 싶다면 제2장부터 읽기 시작해서 제5장까지 진행해도 무방합니다.

이 책은 주로 30대, 40대의 취업 빙하기를 겪고 있는 분들을 대상으로 하고 있습니다. 하지만, 50대 중반으로 앞으로의 커리어가 불안한 분들도 구직활동을 하는 취준생도 참고가 될 것이라고 자신합니다.

마지막으로 저자들을 소개합니다. 저는 주식회사 조이필의 컨설턴트, 가타오카 유우지(片岡裕司)입니다. 조직 개발 컨설턴트로 사람과 조직을 건강하게 만드는 일을 하고 있습니다. 동종업계의 인사, 인적자원 관련 업종의 컨설팅 회사 대부분이 업무 실적과 생산성 향상을 위해 조직역량 강화를 목표로 하고 있습니다. **마찬가지로 저희도 이에 맞춰 활기차고 왕성하게 업무에 몰입할 수 있는 인적자원을 육성함과 동시에, 결과적으로는 성과 창출로 이어질 수 있는 조직을 육성하는데 최선을 다하고 있습니다.**

이 책은 다양한 기업 연수를 통해 쌓은 경험과 노하우를 바탕으로 성인 대상의 대학원에서 교수로 활동하고 있는 가타오카 유우지(片岡裕司), 프로 코치인 기타무라 유우조우(北村祐三), 커리어 카운슬러이기도 한 아유하 타카시(阿由葉隆)가 전문성을 발휘하여 완성하였습니다. 실제 집필은 주로 가타오카(片岡)가, 워크숍 부분인 사례 연구는 기타무라(北村)가 담당하였습니다. 실제 워크숍에서 세 명의 강사가 담당 파트를 맡아 진행했던 내용을 책으로 구성하였습니다. 즐겁게 워크숍에 참가한다는 기분으로 읽어 주시기 바랍니다.

사회가 이미 정해 놓은 길이 아니라 새로운 길을 창조하고, 내가 그 길을 힘껏 달릴 수 있는 힘을 길러야 합니다. 이는 뷰카(VUCA) 시대를 나에게 유리한 방향으로 이끄는 방법입니다. 우리가 그 힘을 기를 수 있도록 함께하겠습니다.

2021년 9월
가타오카 유우지(片岡裕司)

역자가 본격적으로 커리어 연구를 시작한 지 만 10년이 되었습니다. 대학 졸업 후 저 자신의 커리어에 대해 고민하던 시간을 모두 합하면 벌써 28년째로 접어듭니다. 많은 학생들과 성인을 대상으로 커리어 디자인 수업을 해오면서 이렇게 지도하는 방법이 맞는 것일까? 하는 의문을 갖곤 했습니다. 처음에는 해외의 저명한 학자들이 만들어 놓은 다양한 직업 관련 이론과 도구들을 수업에 활용하며 '와!! 역시 대단하다. 어쩜 이렇게 나랑 잘 맞지? 하고 생각한 적도 많았습니다. 하지만, 시간이 흐르면서 연구의 깊이가 깊어질수록 뭔가 2% 부족한 갈급함을 느끼곤 하였습니다.

그러던 중 다음 학기 수업을 준비하며 우연히 아마존 온라인 서점의 신간을 찾아보다가 저의 연구 분야인 '커리어 디자인'이라는 단어에 자연스럽게 눈길이 갔고, '목표를 가질 수 없는 시대'라는 제목에 끌리게 되었습니다. '목표를 왜 가질 수 없을까'라는 말이 너무 궁금하여 바로 주문하고, 책의 도착과 동시에 바로 완독하였습니다. 다 읽고 난 느낌은 '아 바로 이거다!'였습니다. 현 시대의 커리어 연구를 하는 분들이나 자신의 커리어에 대해 고민하는 일반인 모두에게 절실히 필요한 책이라는 것을 직감했습니다.

4차산업 혁명의 디지털 대 전환과 팬데믹을 거치면서 우리의 삶은 뉴

노멀이라는 새로운 시대를 살아가기 위한 새로운 기준을 정립해야 하는 시대를 맞고 있습니다. 타 분야에서는 활발하게 변화를 추구하고 있는데 유독 커리어 분야에서는 기존의 방식이 그대로 활용되면서 정체되고 있다는 생각을 하게 되었습니다. 또한 커리어 분야에서도 당연히 새로운 기준과 업데이트된 내용이 절실했던 시점이었기 때문에 저 또한 뭔가 부족함을 느끼고 있었다고 생각합니다. 이 책이야말로 지금까지 커리어 연구를 하면서 느꼈던 저의 갈증을 해소해 주는 책이었고 그래서 바로 번역을 결심하게 되었습니다.

중년의 나이로 들어서면서 저 또한 항상 앞으로의 100세 인생 시대를 잘 준비하고 있는지? 이대로 가도 되는 건지? 하는 질문을 자주 했습니다. 그리고 수업에서도 '앞으로 우리는 어떻게 살아야 할까요?', '제가 이 자격증을 취득하는 것이 맞을까요?', '전망이 좋은 자격증은 뭐가 있을까요?', '무엇을 하면 먹고살기에 문제가 없을까요?', 'N잡러 시대라고 하는데 저는 무엇을 더 추가하면 좋을까요?'라는 등의 질문을 많이 받았습니다. 그리고 제가 아는 지식의 범위 안에서 정답 찾기식의 방식으로 해답을 주곤 했습니다. 이런 질문에 대한 답을 찾기 위해 『뷰카(VUCA) 시대의 커리어 디자인』에서 제시하는 4단계의 전략을 실천해보면 반드시 해답을 찾을 수 있으리라 확신합니다.

이 책은 나의 커리어를 정립해 가는 방법론을 배울 수 있음은 물론이고 지금의 급변하는 정세와 기술의 변화, 이러한 기술의 변화 속에서의 인간관계를 어떻게 만들어 갈 것인지에 대한 해답도 얻을 수 있습니다. 또한 기업 내 인사 업무를 담당하는 분들에게 MZ세대가 중심이 되는 지금, 어떻게 인사 정책을 만들어 가면 좋을지에 대한 힌트도 제시하고 있어서 여러 분야에서 활동하는 분들에게 도움이 되리라 확신합니다. 더불어 커리어 연구를 해오던 분들에게는 한 번 더 커리어의 역사와 흐름을 파악하고 정리해 볼 수 있는 시간을 덤으로 얻는 기회가 될 것입니다.

그리고 한 가지 더, 세 명의 저자가 일본에 살지만 저와 비슷한 연배로 같은 고민을 하면서 커리어를 만들어 온 점이 신기하기도 하였습니다. 정말로 크롬볼츠의 계획된 우연으로 인한 현상이 아닐까? 하고 생각하기도 했습니다. 기회가 된다면 이들을 초청해 지금 시대에 필요한 이상적인 커리어 디자인에 대해 함께 이야기를 나누는 자리를 마련해 보고 싶습니다.

2022년 10월
역자 허제인

'뷰카'(VUCA) : '변동성'(volatility)과 '불확실성'(uncertainty), '복잡성'(complexity)과 '모호성'(ambiguity)의 앞글자를 딴 단어.

CONTENTS

제4장
목표를 많이 만들기

제5장
커리어를 즐겁게 실험하기

기업 내 실천 편

제6장
인사 업무에 요구되는 새로운 역할 – NTT 커뮤니케이션즈사의 대처에서

이

론

편

뷰카(VUCA) 시대의 현실

01

'100세 인생 시대 X 코로나 위기'가
초래한 것들

뷰카(VUCA) 시대의 커리어 디자인을 실천하기 위해서는 먼저 **우리 들이 살아가고 있는 시대의 본질을 정확하게 파악할 필요**가 있습니다. 커리어라는 관점에서 지금의 뷰카(VUCA) 시대를 달리 표현하면 '목표 상실의 시대'라고 말할 수 있습니다. 지나치게 비약한 냉소적인 표현이 라고 여기는 분들도 있겠지만, 역으로 생각하면 이 말은 새로운 목표를 하나하나 만들어 가야 하는 시대라는 점에서 희망 또한 담고 있습니다.

제가 사회인이 된 1998년의 시기는 소위 '취직 빙하기 세대'라고 불리 는 시기였습니다. 지금도 오랜 기간 힘들게 구직활동을 했음에도 희망 했던 기업의 입사가 좌절된 사람, 배속된 부서에서 전문성을 키워 보려 고 부단히 노력했지만 부서가 통째로 퇴출되고 돌연 부서 이동이 된 사 람, 승진이 막혀 40대인 지금도 여전히 관리직으로 승진하지 못한 사 람…. 동년배의 친구들 중에는 이러한 사람들이 여전히 많습니다.

오랜만에 가진 모임 자리에서도 자신의 업무나 회사에 대한 비전을 주제로 이야기하는 사람은 거의 없고, 불평불만이 대부분입니다. 이러 한 현상은 40대에게만 국한된 것이 아닙니다. 한 설문조사에서는 '일 에 대한 보람이나 지향하는 목표가 있습니까?'라는 질문에 '예'라고 응

답한 사람이 불과 37.1%라는 결과가 나왔습니다. 20대, 30대를 포함해서 나온 수치입니다(2020년 3월, 주식회사 LENDEX 조사).

하지만 여러분, 그렇다고 일에 대한 성취감도 느끼지 못하는 상황에서 목표를 추구하는 것 자체가 무슨 의미가 있냐고 낙담할 필요는 없습니다. 이러한 결과는 **우리들이 학습했던 커리어에 대한 상식의 유통기한이 지났기 때문**입니다. 유통기한이 만료된 도구로 아무리 발버둥쳐도 소용없기 때문에, 우리들은 지치기만 하고 목표를 잃어버린 채쉽게 포기하고 마는 것입니다.

사실은 버블 붕괴 이후 잃어버린 20년부터 이미 '뷰카(VUCA) 시대'가 시작되었습니다. 다만, 그 영향을 받지 않는 사람들이 여전히 많이 있습니다. 오로지 한 직장에서 하나의 전문성을 추구하며, 임원을 목표로 노력해 온 사람들입니다.

그러나 최근 사회구조에 커다란 지각변동을 초래하는 사건이 일어났습니다. 그것은 '100세 인생 시대'의 도래입니다. 더욱이 코로나 위기가 지각변동의 촉진제로 작용하고 있습니다.

45세라 해도 아직 인생의 반환점에도 도달하지 않았다.

'100세 인생 시대'라는 말은 런던 비즈니스 스쿨의 린다 그래튼 교수, 앤드류 스캇 교수가 저술한 『라이프 시프트』가 일으킨 사회 운동입니다. 이 책에는 다음과 같은 질문이 실려 있습니다.

"100세까지 산다고 가정하고, 근로 기간 중 매년 소득의 10%는 저축하고 은퇴 후에는 최종 소득의 50%에 상응하는 자금으로 생활한다고 하면 당신은 몇 살에 은퇴할 수 있다고 생각하십니까?"

대부분의 사람들은 80세 정도라고 답변할 것입니다. 물론 각국의 연금제도가 상이하고 계산의 전제조건이 되는 장기 투자 이익률이나 소득의 상승(혹은 하락) 정도에 따라서 차이는 있습니다. 하지만 정년을 70세로 연장하거나 연금의 지급 시기가 선택 가능한 구조가 되어도 현재 40세인 분들은 적어도 75세까지는 일해야 한다는 것이 커리어의 표준 모델이 될 것은 틀림없습니다.

덧붙여 말씀드리면, 각자의 건강에 얼마나 신경을 쓰느냐에 따라 달라지겠지만 평균 수명과 건강 수명과의 차이는 8년~10년 정도입니다. **따라서 '100세 인생 시대'란 건강한 삶의 기간을 연장하는 변화**라고 이해할 수 있습니다. 때문에, 45세의 나이는 아직 인생의 반환점에도 미치지 못한 나이라 할 수 있습니다.

코로나 위기가 최후의 일격

근로 기간의 연장은 커리어 디자인이나 기업의 인사시책, 인사제도에 많은 영향을 줍니다. 22세부터 근로를 시작했다고 가정할 때, 75세를 정년으로 본다면 직업 경력은 53년입니다. 직장의 수명을 30년이라고 말하기도 하지만, 동경상공리서치의 조사에서는 도산하는 기업의 평균 수명이 23.5세로 나타났습니다. 또한 「중소기업백서」에 의하면 창업 20년을 넘어서는 기업은 전체의 약 절반 수준에 불과하다고 합니다.

이를 살펴볼 때 기업의 평균 수명보다 우리들의 직업적 커리어가 훨씬 길다는 것을 알 수 있습니다. 일본에서 한때 주류로 자리 잡았던 **기업 주도형의 커리어 형성이 이제는 현실적으로 힘들어진 것입니다.**

‘종신 고용’, ‘대졸 일괄 채용’, ‘연공서열’의 일본형 고용 시스템도 붕괴 직전입니다. 지금까지는 신입사원 채용 시 낮은 급여로 시작해도 퇴직금을 포함한 생애 전체 연봉으로 커버할 수 있는 구조였습니다. 이 때문에 일명 급여의 후불 제도라고도 불렸습니다. 일본의 직장인 연봉이 세계 수준에 비해 지극히 낮은 수준인 이유가 이 제도의 영향이라 생각합니다.

그러나 이미 우리의 직업적 커리어가 기업의 수명을 넘어서고 있으며, 아무리 오래된 대기업이라도 ‘종신 고용’은 거의 불가능하게 되었습니다. 후불제 급여는 실질적으로 지급되지 않습니다. 기업도 이 점을 알고 있으면서도 버블 시기에 입사한 많은 사원을 부양하기 위해서는 젊은 층(신입사원)의 처우를 개선할 수 없는 상황입니다.

고용의 장기화, 직업적 커리어의 장기화에 의해 일본형 고용 시스템은 이미 붕괴 직전입니다. 그럼에도 필사적으로 ‘판도라의 상자’처럼 문을 꼭꼭 닫고 근로자에게 그 사실을 숨기려고만 했습니다. 이것이 일본의 실정이었습니다. 그러나 2020년, 코로나 위기로 지금까지는 없었던 지각변동이 근로자들에게 일어나면서 결국에는 판도라의 상자가 열리고 말았습니다.

많은 기업들이 코로나 감염을 최소화하기 위해 재택근무를 추진했습니다. 제도적 측면에서도 기업들이 방향을 바꾸기 시작해, 사무실 면적을 반으로 줄인다는 뉴스를 매스컴을 통해 자주 접하게 되었습니다. 어떤 기업은 신문 인터뷰에서 다음과 같이 이야기하고 있습니다.

“재택근무가 정착되면서 시간을 더욱 효율적으로 활용하고 싶다는 사원들의 의견이 많습니다. 부업 금지 조항도 단번에 삭제했습니다.

동시에 직무별 인사제도도 변경할 예정입니다. 이러한 제도들은 사원의 처우를 낮추려는 것이 절대 아닙니다. 처우는 조금씩 향상되어야 합니다. 이러한 제도들을 진행하려는 이유는 고용의 유동화입니다."

지금까지는 이직률을 낮추고 사원의 소속 요구를 높이던 기업의 최고 경영자가 '시도하려고 하는 것은 고용의 유동화'라고 명확히 이야기한다는 점에서 놀라운 변화입니다.

텔레워크에 대해 살펴보면, 실시율은 전국 평균 20% 정도로 도심에 있는 대기업에 한정된 이야기라 생각할지도 모르겠습니다. 하지만, 고용과 일하는 방법이 서서히 지방과 중소기업으로 확대되고 있습니다. 중소기업이 채용 면에서 경쟁력을 가지려면 연봉뿐만 아니라 일하는 방식의 유연성 면에서도 변화가 불가피하기 때문입니다.

전문성도 진부화한다

또한 일하는 사람들의 의식도 변하고 있습니다. 실제로 모 앙케이트 조사에서, 현재 다니고 있는 직장에서 '정년까지 일하지 못한다(일하고 싶어도 직장을 그만둘 수밖에 없다)'라고 생각하는 사람이 70%를 넘는 결과가 나왔습니다.

직장에서 50년을 훌쩍 넘기는 동안 개인의 직업적 커리어를 보장하는 것은 현실적으로 지극히 어렵습니다. 개인적으로도 **나의 커리어를 직장에 온전히 맡기는 것이 리스크가 있다는 사실을 인지하고 있다는 증거**라고 할 수 있습니다.

그런 불안으로부터 개인 스스로 전문성을 높이기 위해 자격증을 취득하거나, 특수 대학원에서 학습하는 등의 활동이 왕성해지고 있습니다. 제가 교편을 잡고 있는 타마(多摩)대학 대학원의 특수 대학원 과정인 MBA도 응모자가 늘고 있지만, 그 분야에서 전문성을 키운다 해도 문제가 발생할 수 있습니다.

게이오(慶應)대학의 다카하시 슌스케(高橋俊介) 특임 교수는 저서인 『21세기 경력론』에서 21세기 커리어의 키워드는 '전문성 세분화의 심화'와 '예상외의 변화'라고 이야기했습니다. '예상외의 변화'에 대한 유사한 예로 코로나 위기를 들 수 있습니다. 많은 사람이 뼈에 사무치도록 생생하게 코로나 사태를 실감했습니다.

또 하나의 핵심 키워드는 **'전문성 세분화의 심화'**입니다. 다양한 분야에서 디지털화나 로봇의 등장은 업무의 자동화와 막대한 양의 빅데이터 처리 업무를 가능케 하였습니다. 또한 AI는 사고력을 요하는 분야에서도 사람보다 월등한 능력을 발휘하여 인간을 대체해 나가고 있습니다. 결과적으로 우리 인간이 할 수 있는 전문 영역은 더욱 좁아지고 깊이를 더해 가고 있다는 지적입니다.

이렇게 되면 어떤 현상이 나타날까요? 깊이는 상관없지만, 자신의 전문 범위가 좁아지면 그 전문성이 진부화하거나 불필요해질 가능성과 리스크가 점점 커집니다. 가치 있는 전문성을 쌓아가기 힘든 상황에서, 진부화의 가능성마저 커지는 이중의 문제를 떠안게 됩니다.

조직에 의지해서 커리어를 구축해 나가기 어렵다면 조직에서 벗어나 자신의 전문성으로 경쟁해야 합니다. 그러나 **전문성마저도 순식간에 그 가치를 잃어버리는 리스크(=진부화)를 내포하고 있는 시대**에 과연 무엇을 목표로 하면 좋을지 고민할 수밖에 없습니다.

02

커리어를 위협하는
네 가지 불안

바로 지금 '100세 인생 시대와 코로나 위기'가 근로 방식의 판도라의 상자를 열었습니다. 판도라의 상자는 열어서는 안 되는 재앙의 상자로 해석하기 쉽지만, 이야기의 근원인 그리스 신화에는 그 후속 이야기가 나옵니다. 판도라라는 여성이 호기심에 제우스신에게서 받은 상자를 열자 처음에는 재앙이 튀어나왔지만, **마지막에는 상자 안에 희망이 남아 있었다는 것**입니다.

이 책의 주제도 바로 이것입니다. 뷰카(VUCA) 시대의 특성을 기회로 바꾸고 새로운 자신의 가능성을 발견하는 한계 돌파의 방법론입니다. 다만 그 열매를 얻기 위해서는 현실을 올바르게 인식할 필요가 있습니다.

앞에서 조직은 인적자원을 유동화하려고 하고, 저자는 개인 주도형의 커리어 형성을 도모하는 시대가 되었다고 말씀드린 바 있습니다. 세미나나 연수에서 이런 이야기를 하면 머리로는 이해하지만 막연한 불안감에 휩싸여 좀처럼 행동으로 실천하기 힘들다는 분이 많습니다.

사실, **커리어를 쌓는데 큰 장벽이 되는 것이 이러한 '막연한 불안'**입니다. 정체를 모르는 불안은 인간의 사고를 정지시키고 행동을 저해하는 요인이 됩니다. 여기에서 커리어 형성을 위협하는 네 가지 불안을 생각해 보고, 각각의 해결책을 제시해 나가겠습니다.

(1) 고독화 불안

코로나 위기로 많은 직장에서 비대면 방식의 커뮤니케이션을 강요받기 때문에, 상대방의 감정이나 본심을 찾아내기가 더욱 어려워졌습니다. 2020년 퍼솔 종합 연구소의 조사에서는, 텔레워크를 도입하고 있는 직장에서 28.8%의 사원이 외로움을 느끼고 있다는 결과가 나왔습니다. 또한 조직 측면에서 인적자원의 유동화를 지향하면서, 조직에서는 서로의 인생을 지지하는 공동체로서의 의미가 사라질 가능성이 커지게 됩니다.

개인 주도형의 커리어라고 하면 개인주의로 생각할지 모르겠습니다만, 커리어를 고려한다는 관점에서 **다른 사람과의 관계성, 동료, 공동체는 중요한 요소**입니다. 한계를 돌파하기 위해 더 나은 관계성, 네트워크, 인맥은 빠뜨릴 수 없기 때문입니다.

그렇게 되면 우리는 앞으로 고독화 불안을 해소하고 커리어의 기반이 되는 관계성을 주체적으로 만들 필요가 있습니다. 네트워크를 펼쳐 나가는 방법은 제3장에서 다루겠습니다.

(2) 스킬 진부화 불안

스킬 진부화는 예상치 못한 변화와 전문성 세분화의 심화로 모든 사람이 직면하는 과제이면서 불안의 요소가 되었습니다. 2021년 퍼솔 종합 연구소의 조사에서는 IT 계열 이외의 직종에서 36.8%의 직장인이 스킬 진부화의 불안을 느끼고 있고, IT업계에 종사하고 있는 기술자들 중에도 약 46.5%의 사람들이 같은 고민으로 불안해하고 있다는 결과가 나왔습니다.

한편, 아직도 우리의 머릿속에는 이전 세대의 커리어에 대한 관념이 남아 있습니다. 직장에서 '젊었을 때는 사서 고생도 하고 다방면으로 도전해 보는 편이 좋다'는 말을 자주 듣곤 합니다. 이 말의 속뜻은 젊을 때는 많이 배우고, 중견이 되면 요직의 자리에서 그 역할을 다하고, 베테랑이 되면 후계자를 육성하면서 여생을 마무리하는 단선형의 커리어에 대한 관념입니다.

그러나 오늘날은 중견이든 베테랑이든 상관없이 끊임없이 새로운 전문성을 구축하면서 도전하는 것을 요구하는 시대가 되었습니다. 이 전제는 또 하나의 불안을 초래합니다. 이것은 시대의 흐름에 맞춰 **언제까지 끊임없이 호기심을 가지고 새로운 스킬을 배워야 하는지 앞이 보이지 않는 능력 향상 추구에의 불안**입니다. 이 문제에 대해서도 제3장에서 상세히 설명하겠습니다.

[도표 1] 전문성의 단선형 커리어와 복선형 커리어

단선형 커리어

20대	30대	40대	50대	60대
[신입] 기초를 배우다.	[중견] 전문성을 습득한다.	[중간급] 전문성을 연마하고 신입을 지도한다.	[베테랑] 후계자를 육성한다.	[은퇴] 여생을 보낸다.

복선형 커리어

20대	30대	40대	50대	60대
[신입] 기초를 배우다.	[중견] 전문성을 습득한다.	[중견] 전문성을 연마한다.		
	[중견] 새로운 전문성을 획득한다.	[중간급] 전문성을 습득한다.	[중간급] 전문성을 연마한다.	
		[중간급] 새로운 전문성을 습득한다.	[베테랑] 전문성을 습득한다.	[베테랑] 전문성을 연마한다.

(3) 불안정화 불안

세대 측면에서도 40대와 50대는 자녀의 교육비가 지출되는 세대이며, 간병의 문제도 곧 닥치게 됩니다. 일하면서 느끼는 성과나 보람보다 수입에 의존하는 사람도 많아 불안정화라는 커다란 스트레스와 마주하게 됩니다. [도표 2]는 근로자의 의식 조사를 나타낸 것입니다. 근로자가 스트레스에 민감한 요인으로 **수입(경제면)에 대한 불안이 2020년 갑자기 1위**를 차지하고 있습니다. 코로나 위기로 단번에 경제적 불안정의 불안이 높아지고 있는 것을 알 수 있습니다.

사실, 불안정을 일으키는 가장 큰 근본 원인은 어느 곳에도 안정된 환경이 없음에도 불구하고 안정을 바란다는 것에 있습니다. 반대로 말하면, **불안정하다는 것을 전제로 모든 것을 생각하고, 계획하고, 준비하는 것이 해결책**이라는 것입니다. 이전에 한 선배로부터 이런 말을 들은 적이 있습니다.

"수입의 70%로 생활하고 나머지는 저축을 해. 그러면 당장 직장을 그만두더라도 저축한 돈으로 어떻게든 살아갈 수 있으니까. 하고 싶은 것이 있어도 참으면서, 자신의 연간 수입을 30% 정도 줄인다는 생각으로 생활하면 되니까 불가능한 것도 아니야."

이것도 불안정을 전제로 한 준비입니다. 특히 '100세 인생 시대'에는 어떤 위험에 맞닥뜨리게 될지 예상할 수 없습니다. 온전한 안심이나 안정은 어디에도 존재하지 않습니다.

그사이 필요한 것은 **어느 정도의 저축과 도전을 지탱할 수 있는 건강**입니다. 생활면에서 지출을 재정립하는 것과 지금보다 몇 배 건강에 신경 쓰는 것은 커리어 설계에서 가장 중요한 항목이라고 할 수 있습니다.

[도표-2] '수입'에 대한 불안이 스트레스 원인 중 우선순위로 부상

Q1. 당신이 직장에서 스트레스를 느끼는 첫 번째 요인은 무엇입니까? [Top5] (복수 답변)

	전체(2020년) n = 1,000	전체(2019년) n = 919	전체(2018년) n = 898	전체(2017년) n = 896
1위	수입(경제면) 22.4%	업무 내용 34.6%	상사와의 인간관계 38.9%	상사와의 인간관계 39.7%
2위	업무 내용 21.40%	급여나 복리후생 등 우대면 31.80%	동료와의 인간관계 29.00%	업무과다 28.8% 급여나 복리후생 등 우대면 28.8%

3위	상사와의 인간관계 14.6%	동료와의 인간관계 27.3%	업무 내용 27.2%	–
4위	상사/부하 이외의 사내의 인간관계 14.4%	상사와의 인간관계 26.9%	업무 과다 26.8%	동료와의 인간관계 25.6%
5위	업무 환경 10.7%	업무과다 24.7%	급여나 복리후생 등 우대면 25.6%	고객이나 거래처와의 인간관계 17.5%

튤립생명 2020년 직장인이 안고 있는 스트레스에 관한 조사(2020년 4월 23일)

(4) 목표 상실 불안

목표에는 우리를 움직이게 하는 강력한 파워가 있습니다. 또 다른 면에서 생각하면 파워가 있기에 목표를 잃었을 때 상실감도 느끼게 되는 것입니다. 현재 많은 사람들은 상실을 두려워하여 상실하지 않을 목표를 적정선에서 무난하게 세우거나 반대로 목표를 달성할 수 없다는 이유로 목표 찾기를 포기해 버리기도 합니다.

그러나 목표 상실이 불가피한 뷰카(VUCA) 시대이기에 **앞으로의 커리어 디자인은 목표 상실을 전제로 하여 목표를 끊임없이 개발해 나갈 수 있도록 커리어 설계**를 해야 합니다. 어떤 것을 열심히 해야 할지 모르겠다든지 지금의 목표가 나에게 맞는지에 대해 고민하는 분들은 부디 그 고민의 해결책을 찾는다는 생각으로 이 책을 끝까지 읽어 주십시오.

03

기존의 커리어 디자인 방식이
통하지 않는 이유

오늘날은 모든 사람에게 목표 상실이 일어나는 목표 상실 시대 즉, 뷰카(VUCA) 시대입니다. 지금 여러분이 '무엇을 해야 할지 모르겠어'라고 생각해도 나를 책망하지 마십시오. 그것은 여러분의 잘못이 아니라, 우리가 배운 커리어 이론이나 목표 접근법에 문제가 있는 것입니다. 그럼 무엇이 문제이고 무엇을 버려야 할까요?

우선 우리가 버려야 할 것은 외적 성공에 가장 큰 가치를 두는 전통적인 커리어(=경력) 사고입니다. 아메리칸 드림의 이미지 때문에 미국인이 금전적 성공을 추구하고 있다고 생각하기 쉽지만, 2012년에 캔터 재팬이라는 리서치 회사에서 실시한 조사에서는 '더 많은 재산이 있으면 더 행복할 텐데…'라고 생각하는 사람의 비율은 중국 70%, 일본 65%, 독일 37%, 이탈리아 36%, 프랑스 35%, 영국 21%, 미국 16%로 나타났습니다.

결과에서 보듯이 **일본인들이 금전적인 성공에 훨씬 더 무게를 두는 경향**이 있음을 확인할 수 있습니다. 일본에서는 외적으로나 금전적인 면, 조직 내에서의 출세를 진정한 성공으로 생각하고 가치 있다고 여기는 현상이 여전히 남아 있습니다. 당연히 이러한 전통적인 조직 내에서 커리어 개발을 하겠다는 생각과는 앞으로 결별할 필요가 있습니다.

1976년 보스턴 대학 경영대학원의 더글러스 교수는 '프로티언 커리어 (Protean career)'라는 방식을 주장하였습니다. '프로티언'이란 그리스 신화에 등장하는, 생각한 대로 모습을 바꾸는 신인 프로테우스와 연관된 것입니다. 내용은 사회의 변화에 맞춰 **'자유자재로 변신'**하고 **'1인 다역을 하는' 커리어 만들기**가 필요하고, 그것이 가능하다는 주장입니다.

더글러스 교수는 미국에서 지배적인 사고방식이었던 조직 내 커리어, 외적 성공이라고 하는 커리어가 종말을 맞아, 개인의 내면적 성공과 같은 주관적인 가치관의 충족이 핵심이 되는 시대 즉, 뷰카(VUCA) 시대의 커리어로 바뀔 것이라고 주장하고 있습니다.

기존의 전통적 사고였던 조직 내에서의 커리어 개발은 현대 사회에서는 이미 제기능을 발휘하지 못하고 있는 실정입니다. 이러한 대세의 흐름을 따라가지 못하고 있는 일본도 필수불가결한 시대에 직면해 있습니다.

방법론의 세 가지 한계

전통적 사고인 조직 내 커리어 개발에 대한 활용성이 떨어지면서 구체적인 커리어 디자인의 방법론에도 크게 세 가지 한계가 발생하였습니다.

한계1, '나의 커리어는 스스로 생각해야 한다'는 것

커리어 문제에 국한하지 않아도, 우리는 '나의 일은 내가 제일 잘 알기 때문에 스스로 생각하는 것이 맞다'고 일반적으로 생각합니다. 보수적인 사람일수록 이러한 경향은 더 강할 것입니다. 그러나 중요한 것은 생각하기 이전에 다양하게 상담해 보는 것입니다. 제한된 선택지나 조건으로 판단한다면 확장성이 없습니다.

앞서 이야기한 더글라스 교수는 관계성 접근에 의한 커리어 형성이라는 방식을 설명하고 있습니다. '요즘과 같이 복잡하고 혼미한 사회에서 일어나는 다양한 비즈니스 관계에서의 현상을 완전하게 이해한다는 것은 이미 개인의 능력을 넘어서고 있습니다. 때문에, 사회에 축적되어 있는 지식을 활용해 나갈 수밖에 없습니다' 즉, **커리어를 구축해 나감에 있어 개인에게 올바른 판단을 하라는 것은 이미 한계에 봉착해 있다는 것**을 더욱 공감하게 된다는 내용입니다.

한계2, '정답화한 목표를 설정하고 이를 달성하기 위해 노력한다'는 것

목표를 정답화해서 이를 달성하기 위해 노력하는 유형에는 크게 두 가지의 문제점이 있습니다. 하나는 이러한 발상 자체가 결과 지향, 외적 성공 지향의 커리어를 조장하는 것입니다. 물론 내적 충실을 목표로 하는 것도 가능하겠지만, 일반적으로 내적 충실로 이어지는 것은 과정의 충실뿐이고 결과적으로는 외적인 커리어 지향으로 이어지기 쉽습니다. 이는 현대 사회에서는 제기능을 발휘하지 못하는 전통적 조직에서의 커리어 발상 방법론이라고 할 수 있습니다.

또 다른 하나는 **목표를 정답화하는 것이, 목표를 상실했을 때 상처를 쉽게 받을 수 있다는 점**입니다.

한계3, '목표 설립 방법'

커리어 연수 등에서 자주 사용되는 프레임에는 'WILL(하고 싶은 것), CAN(할 수 있는 것, 잘하는 것), MUST(주변에서 요구하는 것,

해야만 하는 것)'를 정리하고 세 개의 요소 중, 겹치는 부분에서 커리어의 목표를 발견할 수 있다고 합니다. 그러나 사실 이 프레임에는 세가지의 큰 문제가 존재합니다.

문제 1. WILL의 도구화

WILL은 '하고 싶은 것'이라고 했는데, WILL에는 나의 커리어에 대한 가치관이나 내가 인생에서 중요하게 여기고 있는 목적이라는 요소를 내포해야 합니다. 이것은 본래, 커리어를 구축해 가는 과정에서 가장 중요한 것으로, 여기서부터 구체적인 목표로 나아가기도 전에 난관에 봉착하게 됩니다.

문제는 **목표가 정해진 순간, 이 WILL은 어디론가 사라져 버린다는 것**입니다. WILL의 역할이 목표를 설정하기 위한 도구로 전락해 버리고, 목표에 대한 시행착오나 WILL 자체의 진정한 의미를 재차 생각하면서 더욱더 깊이를 더하는 가장 중요한 과정이 누락되는 위험성이 존재하고 있습니다.

문제 2. CAN의 축소화

CAN은 '할 수 있는 것', '잘하는 것'으로 해석합니다. 이것도 과거의 행동에서 내가 다른 사람보다 자연스럽게 좋은 결과를 냈던 일의 분석이나 직업 경험으로 쌓은 스킬 등의 능력 중에서 고려해 나갑니다. 그러나 유감스럽게도 뷰카(VUCA) 시대는 전문성의 진부화 시대이기도 합니다. **중요한 것은 '지금은 할 수 없는 것에 도전하기'의 메커니즘**입니다.

커리어를 고려할 때 CAN의 요소가 들어가는 것은, 어떤 의미에서는 사회의 변화를 선점할 수 있는 도전 자체를 방해할 가능성이 크다는 점입니다.

문제 3. MUST의 근시안화

MUST는 '주변에서 요구하는 것', '해야만 하는 것'으로 해석하지만, 사회로부터 부여된 나의 사명으로도 해석합니다. 그러나 대체로 근시안이 되어 눈앞의 일에 급급한 결과로 이어지곤 합니다. 또한 역설적인 표현일 수 있습니다만, 여기에서 나의 사명까지 고려하는 사람은 이러한 프레임에 의존하지 않아도 커리어 개발을 충분히 잘할 수 있을 것입니다.

결과적으로 커리어의 방향성에 대해 고민하는 사람들은 직장을 이유로, 가족 부양을 위해, 나의 삶을 윤택하게 만들기 위해서라는 식의 MUST에 지나치게 현혹되다 보면 **현상 유지에만 머물고 마는 요인**이 되고 맙니다.

이 세 가지의 문제점을 그대로 내포하고 있는 목표는 열정적이지 못할 가능성이 큽니다. 커리어 연수를 받고도 적극적인 힘이 생기지 않았던 이유는 열정적인 목표를 찾을 수 없었기 때문이고 이것은 즉, 목표를 생각하는 방법론 자체에 문제가 있다는 뜻입니다.

뷰카(VUCA) 시대의 커리어를 설계하는 방식은 기존의 방식들과는 전혀 다릅니다. 다음 장에서 함께 **열정적인 커리어를 구상하는 방법**으로 들어가 보겠습니다.

제1장

한계 돌파를 위한 4단계

커리어 이론에
현혹되지 않기

　서장에서 대표적인 커리어 디자인의 방법론이 한계를 맞고 있다는 것을 지적했습니다만, 환경이나 필요에 따라서는 물론 활용도 가능합니다. **중요한 것은 맞지 않는 것에 휩쓸려 가지 않는 자세입니다.** 이를 위해서는 커리어 이론의 커다란 흐름과 문제점을 잘 파악할 필요가 있습니다. 참고를 위해 기무라 슈(木村周)의 저서 『커리어 컨설팅 이론과 실천4 개정판』을 인용하겠습니다.

[도표 1-1] 커리어 이론의 대분류

직업선택이론
- 파슨스 『직업 선택』(1909)
- 특성/요인이론, 기대·의사결정이론, 사회학습이론
- 벡의 이론이라고도 불리는, 나사의 적합관계 중시
- 시야가 좁고, 정적으로 발달이나 변화의 내용을 담고 있지 않음

구조이론
- 사람은 선택이나 결정을, 환경과의 역동적인 상호작용에 의해 행함
- 심리학적 : 프로이트(무의식의 욕구와 현실과의 타협), 로(퍼스널리티와 직업), 홀랜드(행동스타일과 인격유형) 등
- 사회학적 : 환경을 중시(가족의 영향과 소속 그룹 등)

직업발달이론
- 슈퍼 : 직업에서 커리어로. 직업선택을 전인적인 발달의 하나로 파악하고 생애진로무지개와 인생에 있어서 9가지 역할(자녀, 학생, 여가인, 시민, 근로자, 배우자, 가정인, 부모, 연금생활자)로 제안함

커리어발달이론
- 크롬볼츠의 계획된 우연 이론
- 네러티브 어프로치 : 선택하기 때문에 이야기를 만들어 나가 듯 적극적으로 구축하고, 창조를 행함.
- 사회 정의로서의 커리어 : 사회문제를 해결하는 관점에서 커리어 가이던스로의 충실 등

커리어 관련 모든 이론

기무라 슈(2016), 『커리어 컨설팅 이론과 실제4 개정판』(일반사단법인 고용문제연구회)을 참고로 집필 작성

커리어 이론은 직업 선택 이론에서 시작했습니다. 1909년에 직업 교육의 아버지라고 불리는 프랭크 파슨스가 저술한 『직업의 선택』이 대표적인 서적입니다. 일에서 요구되는 능력, 특성과 개인이 가지고 있는 능력, 특성을 연결한다는 방식으로 특성요인이론이라는 말을 들어보신 분들도 많으리라 생각합니다.

이 방식은 이른바 적합한 직업 진단이나 각 직무에서 요구하는 능력을 구체화하여 사내의 직무와 연결해 나간다는 발상으로 인사 배치나 취업, 전직 시장에서 현재도 많이 활용하고 있습니다.

그러나 이 방법은 시야를 좁게 만들고, 정적인 특성으로 발달이나 변화를 고려하고 있지 않다는 문제점이 지적되고 있습니다. 만약 **직무적성검사에서 해 보고 싶은 일이 나에게 적합하지 않다고 하는 결과가 나온다 해도 검사를 맹신할 필요는 없습니다.** 이 방식은 인간의 발달이라는 개념과 사회의 변화라는 역동성을 고려하지 않았기 때문입니다. 이 점을 이해하면 커리어 이론에 의존하지 않고 살아가는 것이 가능해집니다.

1990년대 중반에 구조이론이 등장했습니다. 이 이론은 직업 선택이나 커리어 형성은 '개인과 환경의 상호 작용'이라는 구조에 의해 결정된다는 방식입니다. 개인적 측면을 중시하는 이론을 심리학적 구조이론, 환경적 측면을 중시하는 이론을 사회학적 구조이론이라고 합니다.

심리학적 접근은 심리 분석과 어린 시절 부모의 양육 태도에서 적합한 직업을 분석하고, 사회학적인 접근법은 가족 환경, 학교, 공동체, 문화 등의 영향으로부터 적합한 직업을 분석하는 방식입니다. 이 이론들도 기본적으로 과거의 삶, 경위를 중시하는 접근법입니다. 어느 정도 의미는 있습니다만 어디까지나 과거를 중심으로 이루어져 있고, **미래를 향한 발달이나 환경 변화의 고찰이 부족합니다.**

심리 분석과 같은 도구를 사용하여 적성에 맞는 직업을 추천받았을 경우, 그대로 받아들이기보다는 앞으로 나의 변화가 고려되지 않았다는 점에서 반만 믿고 받아들이는 자세가 중요합니다.

개인의 발달이나 사회 변화를 접목한 진화

1960년대에 들어서면서 과거 분석을 중심으로 한 직업 선택 이론이 상당한 발전을 이루었습니다. '개인의 특성과 직업적 특성과의 매칭'이라고 불리는 직업 선택 이론은 '직업을 선택하고, 성장해 나가는 개인의 지원'이라고 하는 커리어 이론으로 발전합니다.

대표적인 이론가로는 컬럼비아대학 도널드 E. 슈퍼 명예교수입니다. 슈퍼 교수는 인생을 어떤 의미에서 발달 요소를 포함한 역할의 이동이라고 정의하고, 커리어 카운슬링의 사명은 취업 지도가 아니라고 하였습니다. 자기실현과 인간 성장에 가치를 두고, 바람직한 커리어 선택을 지원하는 것으로 진행해야 한다고 주장합니다. 그러나 기존의 커리어 카운슬링 대부분이 전직이나 구직을 하면서 이루어지기 때문에 취업 지도 형식으로 진행되기 쉽고, 이러한 방향으로 편중되어 있는 카운슬러가 많이 있는 것도 현실입니다.

슈퍼 교수에 의해 직업 선택이라는 좁은 관점에서 벗어나 **인생 전반을 어떻게 풍요롭게 설계해 나갈지에 대한 사고의 확장, 인간 발달과 변화라는 개념을 새롭게 접목**하였습니다.

다음으로 고려해야 할 과제는 사회의 변화입니다. 예를 들면 슈퍼 교수는 65세 이상을 발달 단계에서의 하강 단계라고 정의하고 있습니다. 그러나 65세를 하강 단계로 분류한다면 '100세 인생 시대'를 풍요롭게 설계하는 것은 불가능하게 됩니다.

'100세 인생 시대'란 세대(연령)와 사회적인 역할과의 관계가 복잡하게 얽혀 있습니다. 기존의 잣대로 방향을 잡는 것은 불가능합니다. 내가 경험한 이전 세대의 인생 설계와는 전혀 다른 방향으로 스스로 찾지 않으면 안 되는 상황이 된 것입니다.

이러한 과제를 기반으로 1990년대 이후 등장한 것이 커리어 발달 이론입니다. 커리어 발달 이론의 대표적인 것이 스탠퍼드대학의 존 D. 크럼볼츠 교수가 주장한 플랜드 해픈스탠스(Planned Happenstance) 이론으로, '계획된 우연 이론'이라고도 불립니다. 크럼볼츠 교수는 다양한 사람들을 대상으로 커리어의 전환점이 될 만한 사건을 조사하였고, 이러한 사건들은 면밀하게 계획된 것이 아니라 우연히 발생한다는 것을 발견하였습니다.

그래서 커리어를 면밀하게 계획하는 것도 중요하지만 **더 좋은 우연들과 만날 수 있는 기회를 많이 만들고, 이것을 커리어 형성에 잘 접목하는 것이 중요하다고 주장**하고 있습니다. 많은 사람들에게 매우 인기가 있는 이론입니다.

초기에는 개인의 발달이나 사회, 일의 변화를 고려하지 않았던 직업 선택 방식이 점차 개인의 발달이나 우연을 포함하는 변화를 접목하려고 시도한 점이 커리어 이론의 전개입니다. '계획된 우연 이론'은 뷰카(VUCA) 시대의 커리어 디자인에서 참고가 되는 부분이기 때문에 다음 장에서도 조금 더 깊이 있게 다뤄 보겠습니다.

02
'우연'만으로는
이미 불충분

크림볼츠 교수가 주장한 '계획된 우연 이론'은 인생은 우연한 사건에 크게 영향을 받기 때문에 우연한 사건에 대해 열린 마음으로 임하고, 적극적으로 행동하며 실천해 나가는 것이 중요하다고 설명하고 있습니다.

예를 들면 영업직 한 분야로 전문성을 살려 커리어를 만들어 가려고 생각한 사람이 갑자기 경리부로 이동 발령을 명령받았다고 합시다. 경리는 나의 전문성과 연관성이 없다고 단정하고 발령을 거절하거나 직장을 그만두는 선택도 가능할 것입니다. 또 다른 방법은 이런 발령에 호기심을 가지고 도전하는 것입니다.

본래는 경리가 천직이었을 가능성도 있고 기존 부서로 돌아왔을 때 경리의 경험을 살려 숫자 계산에 강한 영업인으로 더욱 성장했다는 평가를 받을지도 모릅니다. 물론 전혀 궁합이 맞지 않는 직무라고 판단해 바로 영업직으로 되돌아 올지도 모릅니다. 하지만 기존 부서로 되돌아왔다고 해서 특별히 신경 쓸 일도 없을 것입니다.

즉 커리어에 좋은 영향을 주는 우연의 사건들은 결코 우연이 아니라 적극적인 행동의 결과라는 것입니다.

크럼볼츠 교수는 행운을 불러일으키는 행동으로 '**호기심을 갖는 행동**', '**근성 있는 행동**', '**유연한 행동**', '**낙관적인 행동**', '**위험을 감수하는 행동**'의 다섯 가지를 이야기하고 있습니다. 커리어나 자신의 전문성, 전문 분야를 너무 좁은 시야로 바라보지 말고, 우연의 사건들에 대해 열린 마음으로 호기심을 가지고 인생에 접목하는 것이 중요하다고 설명하고 있습니다.

선반을 늘릴 것, 기준을 가질 것

매우 흥미진진한 이론입니다만, 유감스럽게도 예상외의 변화가 계속되는 현대 사회에서는 우연의 사건들을 기다리면서 적극적으로 대응해 가는 것만으로는 부족합니다. 자기 스스로 우연을 만들거나 우연과 만나는 확률을 높여야 합니다. 쉬운 예로 '선반 위의 찹쌀떡'이란 이야기가 있습니다. 이는 우연에 의해 인생이 좌지우지된다면 떨어지는 **찹쌀떡을 잘 받아먹는 것만이 아니라 찹쌀떡이 있는 선반 수를 적극적으로 늘리라는 것**입니다.

그러나 선반을 늘리는 것만으로는 부족합니다. 너무 많은 선반이 있으면 어디에서 찹쌀떡을 기다리면 좋을지 헷갈리게 됩니다. **기다리는 장소를 정하는 자기만의 기준이 필요**합니다.

선반을 늘려 가는 행동을 이 책에서는 '본질 개선'이라고 명명합니다. 적극적으로 행운을 불러오는 우연을 만들어 가는 행동입니다. 그리고 기준을 '커리어 목적(Perpose)'이라고 명명합니다. 우연을 활용하여 커리어를 확장하면서 기준, 핵심이 되는 태도를 확실히 정하는 것입니다.

어떤 의미에서는 뷰카(VUCA) 시대의 도래도 우연한 사건이 되겠지요. 이 책을 통해서 우리가 여러분들과 함께 만들어 가고 싶은 것은 뷰카(VUCA) 시대를 **불행한 사건이 아니라 기회로 믿고 나의 한계를 돌파해 나가는 밝은 미래**입니다.

뷰카(VUCA) 시대를 긍정적으로 받아들이기

에도시대 말기에 무사의 가정에서 태어났다면 훌륭한 무사가 되는 것은 당연한 목표였습니다. 그러나 메이지 유신을 맞이하여 무사라는 직업이 사라졌을 때 당연한 목표를 잃어버렸다고 생각할 것인지, 무엇이든 할 수 있는 기회를 얻었다고 생각할지는 본인의 선택입니다. 나아가 새로운 목표를 만들어 가는 방법론이 확립된다면 당연히 뷰카(VUCA) 시대를 긍정적으로 받아들이게 될 것입니다.

목표가 눈앞에서 사라진다는 것은 **달성한 목표 때문에 다음 단계의 목표를 상실하게 되는 경우도 포함**하고 있습니다. 예전에 유명한 올림픽 선수의 강연을 들을 기회가 있었습니다. 이분은 동기 부여의 높낮이를 꺾은선그래프로 보여 주면서 본인의 인생을 이야기하고 있었습니다. 이분의 **동기 부여가 밑바닥으로 떨어졌을 때의 지점은 의외로 자신이 염원했던 올림픽 출전이 확정되었던 때**였습니다. 올림픽 출전을 꿈꾸며 소년 시절부터 인생의 모든 것을 걸고 경기만을 위한 인생을 살아왔습니다. 목표를 달성하고자 하는 동기 부여보다 더 마음을 엄습한 것은 강한 목표 상실감이라고 했습니다. 저는 그 말을 놀랍게 받아들였습니다.

목표를 달성해도 목표가 사라져 버림으로써 상실감으로 괴로워한다면 누구나 목표 상실감에 빠지는 것은 기정사실일 것입니다. 그렇다면 이것을 잘 돌파하는 것은 모든 사람들에게 필요한 힘이라고 말할 수 있습니다. 심지어 비즈니스, 일의 세계에서는 AI(인공지능)에게 일자리를 빼앗기는 변화가 일어나고 있습니다.

인간의 일이 AI로 대표되는 기계로 대치되는 시대, 일자리가 점점 더 사라지는 미래에는 또 다른 면에서 당연히 새로운 일자리가 생겨날 것입니다. 이러한 뷰카(VUCA) 시대를 즐겁고 활기차게 살아가기 위해서는 흔들리지 않는 내면의 기준으로 확실한 커리어 목적을 가지고 가능성을 계속 확장하는 체질로 나를 바꿔 나갈 필요가 있습니다.

'대변혁의 시대는 제발 오지 마라!'라고 생각하는 사람이 많을지도 모르겠습니다만 커리어 목적을 실천해 나가는 것은 매우 간단하고 그다지 어려운 일이 아닙니다. 다만, 누구나 가능하지만 의외로 많은 사람들이 실천하지 않고 있습니다.

'할 수 있는 것' 중에서 '하고 있지 않은 것'을 구축해 나가는 것이 우리들의 인생을 크게 변화시킬 것입니다. 구체적인 내용은 제2장에서 생각해 보기로 하겠습니다. 먼저 한계 돌파의 4단계 전체를 정리하겠습니다.

03

한계 돌파의 4단계

한계 돌파는 다음의 4단계로 구성되어 있습니다.

[1단계] 커리어 목적(Purpose)을 육성하기

[2단계] 체질 개선에 주력하기

[3단계] 목표를 많이 만들기

[4단계] 커리어를 즐겁게 실험(=경험)하기

각각의 단계별 내용에 대한 상세한 설명과 구체적인 워크숍, 방법론, 주의점 등은 제2장 이후에서 설명하겠습니다. 여기서는 각 단계의 **핵심 및 기존의 커리어 디자인과 방법론적 측면에서 어떤 차이가** 있는지에 초점을 두고 설명하겠습니다.

[도표 1-2] 한계 돌파 4단계

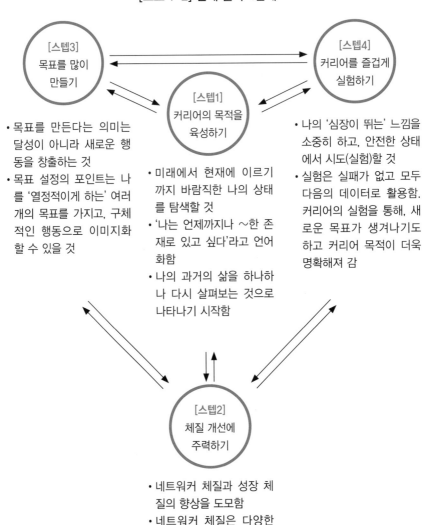

[스텝3]
목표를 많이
만들기

[스텝4]
커리어를 즐겁게
실험하기

[스텝1]
커리어의 목적을
육성하기

• 목표를 만든다는 의미는 달성이 아니라 새로운 행동을 창출하는 것
• 목표 설정의 포인트는 나를 '열정적이게 하는' 여러 개의 목표를 가지고, 구체적인 행동으로 이미지화할 수 있을 것

• 미래에서 현재에 이르기까지 바람직한 나의 상태를 탐색할 것
• '나는 언제까지나 ~한 존재로 있고 싶다'라고 언어화함
• 나의 과거의 삶을 하나하나 다시 살펴보는 것으로 나타나기 시작함

• 나의 '심장이 뛰는' 느낌을 소중히 하고, 안전한 상태에서 시도(실험)할 것
• 실험은 실패가 없고 모두 다음의 데이터로 활용함. 커리어의 실험을 통해, 새로운 목표가 생겨나기도 하고 커리어 목적이 더욱 명확해져 감

[스텝2]
체질 개선에
주력하기

• 네트워커 체질과 성장 체질의 향상을 도모함
• 네트워커 체질은 다양한 연결로 확장시키는 행동
• 성장 체질은 폭넓은 분야에서 착실하게 학습해 나가면서, 성장·도전할 수 있는 주제를 발견하는 행동

[1단계] 커리어 목적(Purpose)을 육성하기

첫 단계는 '커리어 목적(purpose)을 육성하기'입니다. 여기에서는 **목적을 정하는 것이 아니라 육성한다는 단어를 사용한 것에 주목**할 필요가 있습니다.

커리어의 **'목표'는 일반적으로 '나는 ~가 되고 싶다', '나는 ~가 될 거야'**라는 표현으로 나타납니다. 영어로 표현하면 'becoming'으로 '현재는 A의 상태가 아니지만 앞으로 노력해서 A가 되고 말 거야'라고 하는 구도입니다. 이것에 대해 **'목적'은 '나는 항상 ~가 되고 싶다', '나는 ~인 존재로 있고 싶다'**라는 표현으로 나타납니다. 영어로 표현하면 'being'으로 '현재 B의 상태이고 미래에도 B의 상태로 계속 있고 싶다'는 구도입니다.

구체적인 설명은 제2장으로 이어집니다. 다만, 뷰카(VUCA) 시대의 커리어 디자인에서는 커리어 목적을 중요시하면서 더 많은 목표를 향해 도전해 갑니다. **한번 정하고 나면 그대로 확정되는 것이 아니라 계속해서 바꿔 나갑니다.**

그 과정에서 목적이 성숙해 나간다고 믿습니다. 최종적으로 다양한 경험을 통해 나다운 커리어 목적이 완성됩니다. '목적을 육성한다'라는 표현을 사용한 이유가 이 때문입니다.

[2단계] 체질 개선에 주력하기

두 번째 단계는 '체질 개선에 주력하기'로 여기에서 개선하고자 하는 것은 **'네트워커 체질', '성장 체질'**이라는 두 가지 체질입니다.

네트워커 체질이란 연결성을 점점 넓힌다는 것입니다. 구체적으로는 매월, 매주, 매일 **새로운 사람, 만나고 싶은 사람과 만나기를 실천하는 습관을 스스로 정착**해나가는 것을 말합니다.

성장 체질이란 무언가 새로운 일에 몰입하거나 **초보자, 입문자의 자세로 돌아가는 기회를 계속해서 만드는 것**입니다. 무엇인가를 스스로 읽거나 연구하거나 노력하면서 성장하는 주기를 인생 안에서 만듭니다. 물론 일과 상관없는 것도 좋습니다.

저는 일의 스킬과 연관되는 영역, 스포츠 영역, 예술적인 영역의 세 가지 성장 영역을 골고루 접하면서 균형을 유지할 수 있다고 생각합니다.

장기적인 커리어 개발에 있어서는 **우연의 확률이 높아지는 행동**들을 자연스럽게 늘려나갈 수 있도록 일상의 행동 수준을 쇄신해 나가는 '체질 개선'이 중요합니다.

[3단계] 목표를 많이 만들기

세 번째 단계는 '목표를 많이 만들기'입니다. '목표는 하나로 정하는 편이 집중할 수 있고 달성 확률도 높으며 효율성 측면에서도 좋고, 이것저것 옮겨 다니면 뭐 하나 제대로 실현할 수 없지 않을까?'라고 생각하는 사람들도 많을 것입니다. 그런데 여기서 말하는 목표는 일반적인 커리어 디자인의 목표와는 성격이 조금 다릅니다. 어떤 의미에서 **목표의 달걀**과도 같은 것입니다.

지금까지의 단계를 되돌아보면 '1단계'에서 커리어의 기준이 되는 '커리어 목적을 생각하기'에 대해 이야기했습니다. 이것을 내가 되돌아갈 원점으로 하고, '2단계'의 '체질 개선에 주력하기'는 네트워크나 연결할 수 있는 세계를 확장하는 것입니다. '3단계'에서는 **한번 시도해 보고 싶은 것은 목표, 주제를 많이 만드는 것입니다.**

그리고 각각의 목표에 도전해 보려고 결의에 찬 계획을 세우는 것이 아니라 우선은 실험, 시도한다는 느낌으로 빠르게 실천하면서 다음 단계인 '커리어를 즐겁게 실험하기'로 넘어가면 됩니다.

[4단계] 커리어를 즐겁게 실험하기

이번 단계에서는 정해진 목표를 조금씩 시도하고 실험해 봅니다. 실험하면서 마음속에서 일어나는 열정을 바탕으로 다양한 실험을 통해 가능성을 넓혀 가면서 나에게 의미가 있는지 없는지를 판단하는 단계라고 할 수 있습니다.

실전처럼 너무 애쓰려 하지 말고, 어떤 결과가 나오더라도 실패라고 생각하지 마십시오. 어디까지나 실험이기 때문에 본격적으로 시작하기 전에 한번 경험해 본다는 느낌으로 시도해 보면 됩니다.

실험이 끝나면, 이번 주제가 나에게 맞는지 그렇지 않은지 결과가 나오게 됩니다. 여기에서 커리어 목적 수정이 필요하기도 하고 새로운 체질 개선 방법을 발견하기도 합니다.

이러한 활동들을 반복하면서 '나의 생애 목표'를 발견하고, 하나의 큰 목표를 발견하기도 합니다. 이렇게 발견된 목표와 3단계에서의 다양한 목표를 분류하면 3단계의 목표는 '달걀(목표)'이 되고, 나의 생애 목표로 키운 목표는 '닭(목표)'이 됩니다.

일반적이라면 닭(목표)이 발견되면 달걀(목표)의 탐색이 종료될 것 같지만, 뷰카(VUCA) 시대의 커리어에서는 적절한 실험을 반복하면서 새로운 나의 목표(달걀)를 키워나감과 동시에 커리어 목적(Purpose)을 키우는 것도 지속해야 합니다.

　체질 개선과 함께 계속해서 확장하는 일을 그만두지 않는 것이 기존의 커리어 디자인과의 큰 차이점입니다.

트
레
이
닝
편

제2장

커리어 목적(purpose)을 육성하기

01

'목적'과 '목표'의 차이

이번 장에서부터는 커리어의 한계 돌파를 향한 트레이닝 편입니다.

기존의 커리어 디자인에서는 제일 먼저 나를 다양한 각도에서 재인식하도록 하는데, 여기에서 많은 사람들이 함정에 빠지는 사고의 덫이 존재합니다. 그것은 나를 재인식한 결과 '무엇을 바꿔 나가면 좋을 것인가?'라고 단정지어 버리는 것입니다. 현재의 상태를 반성하고 '뭐가 잘못된 것인지?', '어떻게 하면 되는지?'라고 생각하기 쉽습니다.

그러나 이런 방식을 적용할 수 있는 것은 시험공부나 동아리의 경쟁적 활동처럼 단기적으로 도달하고 싶은 목표와 이것에 도달하기 위한 방법론이 어느 정도 명확할 때뿐입니다. 커리어를 생각하는 시작 단계에서는 전혀 다른 접근 방법이 필요합니다.

커리어 디자인에서 제일 먼저 할 일은 나를 재인식하고 '무엇을 바꾸지 않을지?', '무엇을 소중하게 생각할지?'를 찾는 것입니다. 이것은 '커리어 목적(purpose)'을 생각하는 계기가 됩니다.

'커리어 목적'이라고 하면 무겁게 느끼는 분도 있습니다. 그걸 알면 커리어 디자인 같은 것은 필요 없다고 생각하는 분들도 있습니다. 그러나 여기에서 이야기하려는 것은 '목적을 명확하게 정하는 것'이 아니라 '목적에 대해 생각하고 육성하는 것'입니다. 무엇인가 결론을 내서 명확하게 구체화하는 것이 아니라 **가능하면 애매하고 추상적으로 생각하는 것이 핵심**입니다.

뷰카(VUCA) 시대의 커리어에서는 목표를 잃어버려도 차츰차츰 재생해 가는 토대가 필요합니다. 이러한 토대가 되는 것이 '커리어 목적'입니다.

목적은 유연하게, 목표는 고정적으로

'목적(purpose)'이란 무엇일까? 이것을 명확하게 알기 위해서 비슷한 단어인 커리어 디자인에서도 자주 사용하는 '목표(goal / objective)'와 비교해서 정리했습니다. 여기에서는 혁신과 디자인 경영의 제1인자인 타마(多摩)대학 대학원의 곤노 노보루(紺野登) 교수와 목적공학연구소의 저서『이익이나 매출만 생각하는 사람은 왜 실패하는가?』를 참고해서 설명하겠습니다.

[도표 2-1] 목적과 목표의 차이점

목적(purpose)	목표(goal / objective)
의식이나 가치관 등 '주관적 요소'에서 출발한다.	대상이나 수치 등 '객관적 요소'에서 설정된다.
유연한, 정성적	고정적, 정량적
효과, 영향력의 크기, 아웃컴(질적 성과) 등이 요구된다.	효율, 달성도, 아웃풋(양적 성과) 등이 요구된다.
시행착오가 권장 또는 요구된다.	미달이나 실패는 평가되지 않는다. 오히려 마이너스 평가의 대상

출처 : 곤노 노보루(紺野登), 『이익과 매출만 생각하는 사람은 왜 실패하는가?』(2013, 다이아몬드社), 목적공학연구소.

[도표 2-1]은 저서에 게재된 내용입니다. 곤노 교수는 훨씬 영향력 있는 혁신을 실현하기 위해서는 목적 설정이 중요하다고 설명하고 있습니다.

목적은 주관적이며, 유연하고 영향을 미치는 범위가 요구되면서 시행착오를 권장하는 것에 반해 목표는 객관적이고 고정적이며, 달성도가 요구되기 때문에 목적을 달성하지 못할 경우, 마이너스 평가 대상입니다. 그리고 목적은 3층 구조로 되어 있어 대목적, 중목적, 소목적으로 구성됩니다[도표 2-2].

대목적은 유명한 경영학자 피터 드러커가 주장한 기업의 대목적에서 '사회적 목적을 실현하고 사회, 공동체, 개인의 니즈를 만족한다'라고 정의하며, 이것과 비교하여 소목적은 '공통 가치를 추구하고 사회와 공존공영한다'라고 정의하고 있습니다. 그리고 그사이에 중목적이 존재하는 경우도 있는데 이것은 구동 목표, 미션이라고 불리기도 합니다.

[도표 2-2] 대목적과 소목적

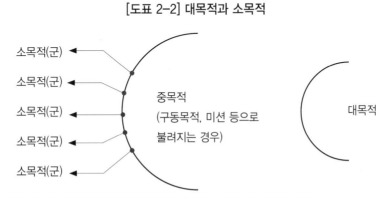

출처 : 곤노 노보루(紺野登), 『이익과 매출만 생각하는 사람은 왜 실패하는가?』
(2013, 다이아몬드社), 목적공학연구소.

목적으로 되돌아감으로써 세계가 확장된다

이 이론은 기업 경영을 전제로 만들어진 것이지만 사업의 혁신에서 목적이 중요한 것과 마찬가지로 **커리어의 혁신에서도 목적부터 논의를 시작할 필요**가 있습니다. 커리어 측면에서 목표는 달성할 수 없는 경우도 있지만 목적은 달성, 미달이라는 단어가 적합한 것이 아니라 시행착오를 통해 변화하고 육성하는 것입니다. 앞의 [도표 2-1]의 세 번째 항목처럼 목적은 과정 중시(과정이 커리어), 목표는 결과 중시(커리어가 결과)라고 이해하면 됩니다.

앞 장에서 일반적으로 커리어의 '목표'는 '나는 ~이 되고 싶다' = '현재는 A라는 상태가 아니지만 앞으로 노력을 통해 A가 되어 간다 (becoming)' 구도라고 설명했습니다. 이에 대해 '목적'은 '나는 항상 ~로 있고 싶다' = '현재 B라는 상태로 미래에도 B의 상태로 있고 싶다 (being)'라는 구도입니다.

예를 들면 의사가 꿈인 한 고등학생이 있다고 가정해 봅시다. 의사를 목표로 하는 커리어 목적이 '타인의 괴로움, 힘든 상황을 도와주는 존재로 남고 싶다'라고 한다면 의사가 아닌 이 고등학생은 지금도 학급의 친구들이 어려움을 당했을 때 의지할 수 있는 상대가 되어 준다거나 구체적으로 도움을 줄 수 있습니다. 이 고등학생은 **앞으로도 '타인의 괴로움과 힘든 상황에서 도움을 주는 사람'으로 존재하고 싶다는 가치 기준을 만들어 갈 수 있을 것입니다.**

한편 '의사가 되고 싶다'라는 목표 수준의 인식에서 멈춰 있다면 의학부에 합격하지 못했을 때 목표, 꿈을 잃어버리게 됩니다. 하지만 목적이 '타인의 괴로움, 힘든 상황을 도와주는 존재'라고 정의한다면 카운슬러, 교사, 경찰관의 형태로 커리어 목적을 실현하는 것이 가능할 것입니다[도표 2-3].

[도표 2-3] 목적의 관점

목적	관점	예
대목적	사회적인 목적을 실현하고 사회, 공동체, 개인의 니즈를 충족한다.	타인의 괴로움, 힘든 상황을 도와주는 존재로 있고 싶다.
중목적	대목적의 주제를 선별한 것	질병으로 괴로움을 당하고 있는 타인을 도와주는 존재로 있고 싶다.
소목적	사회에도 나에게도 가치를 가져다 주는 공통 가치를 추구하고 사회와 공존공영한다.	의사로서, 질병으로 괴로워하는 사람을 도와주는 존재로 있고 싶다.

※ 중목적은 구동 목표로 표현한다. 대목적은 막연한 상태이다. 어떻게 행동하면 좋을지 알 수 없는 경우에 무엇부터 행동하면 되는지 명확하게 하는 것이다. 소목적에는 개인의 니즈가 포함된다.

최종적으로 같은 결론이 되겠지만 목적으로 되돌아감으로써 지향하고자 하는 모습이 확장되고 나를 긍정적으로 변화시켜 줍니다.

곤노 교수의 이론은 커리어의 맥락에서 정리할 수 있습니다. 커리어의 대목적은 '사회, 공동체의 요구에 공헌하는 것'이고, 소목적은 '사회의 요구에 공헌하는 것과 개인적 요구를 만족시키면서 양쪽에 공통되는 영역을 찾아 실현하는 것'이 됩니다. 목적을 고려할 때에는 나뿐만 아니라 사회, 공동체, 주변에서(대목적) 시작하고, 나의 요구와 중첩되는 부분(소목적)을 유연하고 온화하면서 강력한 파워를 가진 커리어로 발전시킬 수 있습니다.

사회와 연결되는 삶의 방식이 행복도를 높인다

'목적'이라는 단어만으로도 무거운 느낌이었는데 사회의 요구라든지 사회적 목적이라는 단어가 나오면서 더욱 무겁게 느끼는 분들이 있을지도 모르겠습니다. 이런 것보다는 즐겁게 살고 싶고 내가 행복하면 그것으로 충분하다고 생각할 수도 있습니다.

하지만, 냉정하게 생각해 보시기 바랍니다. 우리를 둘러싸고 있는 공동체나 사회가 엉망인데 나만 행복한 것이 가능할까요?

행복 연구, 행복학으로 유명한 게이오 대학의 마에노 타가시(前野隆司) 교수에 의하면 **주관적 행복도를 좌우하는 네 가지 인자**가 있다고 합니다. 첫 번째는 자아실현, 성장과 관련되는 **'해 보자'의 인자**. 두 번째는 낙관성과 연관된 **'잘 될 거야'의 인자**. 세 번째는 독립, 나의 방식대로 밀고 나가는 것과 연관된 **'나답게'의 인자**. 그리고 마지막으로 연결, 감사와 관련된 **'감사합니다'의 인자**입니다.

덧붙여서 여기에서 말하는 연관은 '양(量)'이 아니라 '다양성'이 중요한 요소입니다. 양적인 연관, 다시 말해 친구의 숫자는 행복도를 높이는 효과가 낮고, **다양한 친구 관계, 연결성이 있는 사람일수록 주관적 행복도가 높아진다**고 합니다. 사회나 공동체로 열려 있는 삶의 방식이 그 자체로 인생의 행복도를 높인다는 의미입니다.

아직도 영감이 오지 않는다면 우선 나의 대목적, 소목적을 설정해 봅시다. 그러면 깨닫게 되는 부분이 반드시 있을 것입니다.

02
'커리어'란 직업이 아니라 어떤 나로
존재하고 싶은가이다

여러분의 어렸을 적 꿈은 무엇이었습니까? 축구 선수? 과학자? 항공기 조종사? 초등학교 졸업 문집을 찾아보니, 저는 '군주'라고 쓰여 있었습니다. 창피하기 그지없습니다만 본가에서 사업을 하던 터라 사장님 같은 사람이 되고 싶다고 어렴풋이 생각했던 적이 있습니다. 이게 어떻게 해서 '군주'로 바뀌었는지는 수수께끼입니다만….

덧붙여서 공저자인 기타무라(北村) 씨의 꿈은 '운동선수', 아유하(阿由葉) 씨의 꿈은 '희극인'이었다고 합니다. 기타무라 씨는 초등학교 시절 로스앤젤레스 올림픽에서 미국을 대표하여 활약했던 육상의 칼 루이스 선수나 일본 유도의 야마시타 야스히로(山下泰裕) 선수의 모습을 동경했기 때문이라고 합니다. 아유하 씨는 학교에서 친구들을 웃기고 싶어서 텔레비전에서 활약하고 있는 희극인들의 흉내를 자주 내면서 동경했다고 합니다.

어린 시절 꿈꿔 왔던 꿈을 이루는 것이 성공이라고 정의한다면 우리들의 인생은 대실패였겠지만 세 사람 모두 성실하게 인생을 살아왔다고 자신 있게 말할 수 있습니다. 적어도 **우리들이 어렸을 때에는 인생의 꿈을 직업으로 받아들이고 있었기 때문에 대부분은 달성할 수 없는**

결과로 이어졌을 것입니다.

목적 지향의 꿈이 당연한 사회로

그렇다면 지금의 아이들은 장래의 꿈을 어떻게 이해하고 있을까요?

만화가나 파티쉐 또는 유튜버 등과 같은 직업을 꿈으로 생각하고 있는 아이들도 여전히 많이 있습니다. 하지만, 이와 달리 **사회가 해결해야 할 과제 중에서 실현하고 싶은 미래를 설계하는 목적 지향의 꿈을 가진 아이들도 점차 늘어나고 있습니다.** 최근에는 지속가능한 개발 목표(SDGs)를 수업에서 다루는 초등학교도 많아지고 고학년이 되면서 이러한 경향은 훨씬 더 두드러지는 것 같습니다.

일본의 문부과학성에서 제시하고 있는 학습 지도 요령 해설에서도 '사회의 구성원으로서 더 나은 삶을 살아가기 위해서 소중한 것이 무엇인지, 나는 어떻게 살아가야 하는지 등에 대해서… (중략) … 심도 있게 생각하고 스스로 삶의 방식을 발전시켜 나가는 사항' 등의 중요성을 강조하고 있습니다. 지금의 뷰카(VUCA) 시대를 살아가는 아이들의 가치관은 사회나 세계와 연결되어 살아가는 것을 당연시하면서 더 나은 인생을 위해 어떻게 하면 되는지를 고민하기 시작한 것입니다.

저의 동료이면서 컨설턴트로 전국의 초등학교를 돌면서 아이들의 꿈, 비전, 목표 설정의 진로 캠프 운영을 도와주고 있는 분이 있습니다. 실제로 목적 지향의 꿈을 이야기하는 아이들이 늘어나고 있다는 것을 실감한다고 합니다. 그가 아이들과 수업할 때 가장 중요하게 강조하는 내용은 '나의 본연의 모습을 탐색하고 사색하는 것'이라고 합니다. 꿈이나 미래의 직업으로만 받아들이는 것이 아니라 '나다운 것이 무엇인지', '나에게 행복은 무엇인지'를 생각하게 하는 것이 중요하다고 말합니다.

일에 앞서 아이들이 어떤 '나'로 살아가고 싶은지 진지하게 생각하기 시작한 시대입니다. 이러한 아이들의 변화에서 우리 어른들은 무엇을 배울 수 있을까요? 10년 후, 이러한 가치관을 당연하게 생각하는 20대가 기업에서 다수를 차지하게 되었을 때 **커리어라는 단어가 가진 의미도 확연히 달라질 것**입니다. 그들을 받아들여야 하는 성인인 우리들 또한 목적 지향의 대변화를 받아들여야 할 것입니다.

03

'커리어 목적을 생각하기' 워크숍

이제 '커리어 목적을 생각하기' 워크숍을 시작해 보겠습니다. 워크숍을 시작하기에 앞서 우선 금지해야 할 사항이 있습니다. 그것은 **'커리어 목적을 발견하려고 애쓰지 않는 것'**입니다.

다소 모순일 수 있겠습니다만, 제가 전달하고 싶은 내용은 '그래 이거야'라고 생각하는 커리어 목적을 바로 발견할 것이라고 단정할 수 없다는 사실입니다. 발견하는 것에 지나치게 집착하면 목적을 발견하기 전까지는 행동하지 않게 되고 시간만 낭비하는 결과를 초래하게 됩니다.

지금까지 여러분의 경험 안에서도 시도해 보니 의외로 재미있었던 것들이 반드시 있었을 것입니다. 그러한 경험을 활용하여 여기서는 **행동을 촉진하는 그 무언가의 방향감을 발견하는 것이 중요**합니다. 바로 이것이 커리어 목적의 **'씨앗'**이 됩니다.

이렇게 행동으로 옮기면서 발견한 씨앗을 키워가는 것입니다. 키워보니 아무래도 이건 아닌 것 같다는 생각이 드는 것도 있을 것입니다. 뭔가 아닌 것 같다는 생각이 들면 '왠지 확실히 와 닿지 않는 것 같아. 그렇다면 내가 소중하게 생각하는 것은 무엇이지?'라고 생각해 보세요. 이러한 행동은 나 자신이 새로운 발견을 시작하는 중요한 과정으로, '나의 커리어 목적은 무엇이었지?'라는 방식으로 지금껏 책상에 앉아서 생각만 할 때는 전혀 깨닫지 못했던 것들을 발견하게 됩니다.

다양한 각도에서 나를 재발견하기

이제부터 본격적인 워크숍에 들어가겠습니다. 다양한 각도에서 나에게 질문을 던져 보고, 즐겁게 더 깊이 있게 나에 대해 알아보세요. 나에게 어떤 특징이 있고, 어떤 생각을 하고 있는지, 알아가는 일 자체가 커리어 목적의 씨앗을 발견하는 것과 연결됩니다.

(1) 다음의 질문에서 관심이 가는 것을 3~5개 선택하고 답해 보세요. 질문에 답하는 것으로 나 자신을 발견해 나갈 수 있습니다.

[일상생활 면에서]

① 내가 지금까지 변하지 않고 좋아하는 것은 무엇입니까?

② 내가 좋아하는 습관이나 생활방식은 무엇입니까?

③ 지금까지의 습관이나 생활방식 중 고치고 싶은 한 가지는 어떤 것입니까?

④ 관심이 가는 뉴스나 TV 프로그램 등을 다섯 개 들어 주세요. 그것들의 공통점은 무엇입니까?

⑤ 어떤 종류의 혼잣말을 합니까? (소리 내서 말하지 않아도 됩니다)

⑥ 나는 어떠한 방식으로 나만의 시간을 확보하고 있습니까?

⑦ 내가 10년 동안 손에 넣거나 구입한 물건 또는 제공받은 서비스 중 가장 가치 있게 생각하는 것은 무엇입니까?

[감정 면에서]

⑧ 내가 가장 감사하는 사람이나 감사하고 있는 일은 무엇입니까?

⑨ 도저히 좋아할 수 없는 것, 이해할 수 없는 것은 무엇입니까?

⑩ 최근 3년 사이에 경험한 일 중 그다지 내키지 않는 것은 무엇입니까?

⑪ 최근 3년 사이에 재미있을 것 같다고 생각한 세 가지를 말해 주세요. 재미있을 것이라고 느낀 세 가지의 공통점은 무엇입니까?

⑫ 내가 한번 시작하면 멈출 수 없는 것은 무엇입니까?

⑬ 지금까지 살아오면서 선택한 일 중 가장 영향력이 있는 것은 무엇입니까?

⑭ 지금까지 가장 열심히 살아왔다고 느끼는 시간은 언제였습니까? 그 시간은 다른 시간과 어떻게 다릅니까?

[꿈 면에서]

⑮ 만약 누구든지 만날 수 있다고 한다면 누구를 만나고 싶습니까?

⑯ '대가를 받는다면 하고 싶은 것', '무보수라도 하고 싶은 것', '비용을 내더라도 하고 싶은 것' 중에서 '비용을 내더라도 반드시 하고 싶은 것'은 무엇입니까?

⑰ 내가 앞으로의 삶을 풍요롭게 하기 위해 단 한 가지만 손에 넣을 수 있다면 무엇으로 하겠습니까?

⑱ 내가 시작한 것으로 3년 후에 여러 사람으로부터 감사 인사를 받았습니다. 내가 무엇을 시작했을까요?

⑲ 매우 행복해하고 있는 10년 후의 나를 타임머신을 타고 가서 만났

습니다. 나는 어떤 것을 하고 있습니까?

⑳ 복권이 당첨되어 10억 원을 손에 넣었습니다. 경제적으로 여유로운 나는 무엇을 하고 싶습니까?

㉑ 나의 SNS에 5,000만 명의 팔로워가 있습니다. 나의 한 마디가 큰 영향을 미친다고 한다면 SNS에 어떤 메시지를 전달하고 싶습니까?

[다른 관점에서 생각하기]

㉒ 타임머신을 타고 과거 어느 시점으로 돌아가 인생을 다시 시작할 수 있다면 언제로 돌아가고 싶습니까? 그 이유는 무엇입니까?

㉓ 친구로부터 '나는 OOO한 사람이다'라는 말을 들었습니다. 뭐라고 말했을까요?

㉔ 잘 알지 못하는 사람으로부터 '나는 OOO한 사람이다'라는 말을 들었습니다. 뭐라고 했을까요?

㉕ 부모님께 들을 법한 말 중에서 귀를 틀어막고 싶을 정도로 듣기 싫은 말은 어떤 말입니까?

㉖ 내가 사형 선고를 받았습니다. 나에게 주어진 시간은 '앞으로 1년'입니다. 나는 무엇을 하고 있을까요? 무엇을 그만두고 싶습니까?

㉗ 죽음에 임박했습니다. 나에게 말을 걸고 있습니다. 무엇이라고 말하고 있습니까?

㉘ 나는 다음 세대에게 무엇을 남겨주고 싶습니까?

어떤 카테고리에 집중해서 답하셔도 상관없습니다. 답하는데 어려움은 없으셨습니까?

그렇다면 다음 워크숍으로 넘어가겠습니다.

(2) 답한 내용에 대해 '왜 이 질문을 선택한 것일까?', '왜 그런 답이 나왔을까?', '그렇게 답한 나의 특징은 무엇이었을까?', '무엇을 기대하고 있는 것일까?'와 같은 관련 질문을 통해 더 깊이 있게 내가 중요하다고 생각하는 키워드나 핵심 문구를 생각해 보세요.

(1)번 워크숍을 완성한 분은 질문에 답한 내용을 보면서 생각을 정리해 보세요. 관심이 가는 질문을 선택했지만 의외로 대답하기 힘든 분도 있으실지 모르겠습니다. 이런 분들은 '이 질문에 대답하지 못하는 나는 대체 어떤 사람인가?'라고 생각해 보는 것도 좋을 것입니다. 알수 없는 감정에 빗장을 걸어 잠그고 주위 시선에 신경 쓰는 등 생각지도 못한 나를 발견하게 될지도 모릅니다.

지금의 상태에서 다음 워크숍을 진행해 주세요.

(3) 키워드, 핵심 문구에서 드러나는 나를 표현하기 위해 다음의 ( ) 안에 들어갈 단어를 생각해 보세요. ( )를 모두 채울 필요는 없습니다. 또한 다음의 문장 이외에 내가 표현하고 싶은 것도 좋습니다.

- 나는 ( )하는 것을 좋아하는 사람입니다.
- 나는 ( )하는 것에 화가 나고 의분을 느끼는 사람입니다.
- 나는 주위 사람과 ( )한 관계를 만들어 가고 싶습니다.
- 나는 나와 관계하고 있는 공동체(직장이나 지역, 취미 모임 등 동료들이 모이는 모임)에서 ( )한 상태에 있는 것이 좋습니다.
- 나는 사회가 ( )한 상태에 있는 것이 좋습니다.

마지막으로 커리어 목적의 씨앗을 생각해 봅시다.

(4) 사회, 공동체, 주변이 나를 미소 짓게 하고 조화를 이루기 위해 나는 어떤 상태로 존재하고 싶습니까? 다음의 문장으로 정리해 보세요.

"나의 커리어 목적은 (   )한 존재로 있고 싶다."

(4)의 워크숍에서 중점을 두어야 할 요소는 두 가지입니다.

첫 번째는 **목표가 아니라 목적**이라는 것입니다. 목적은 커리어를 쌓는 과정에서 지침이 되는 것으로 방향을 잃어버렸을 때 다시 지침으로 돌아가 선택할 때 판단을 도와주는 길잡이가 됩니다. 덧붙여 말하면, 저의 커리어 목적은 '사람의 변화에 동기를 부여하는 존재가 되는 것'입니다. 예전에 인사부의 매니저로 있었을 때, 인적자원 육성과 관련된 일을 했던 경험으로 어떤 면에서는 커리어 목적에 부합하는 일의 방식이나 삶의 방식이 가능했습니다. 그러나 회사에서 인사이동 명령이 있다는 것을 알고 커리어 목적에 비추어 보면서 고심 끝에 이직을 결심했습니다.

두 번째는 **어디까지나 '씨앗'으로도 충분**하다는 것입니다. 이것이 바로 나의 커리어 목적이라고 자신 있게 단정할 수 있는 사람은 거의 없을 것입니다. 애당초 커리어 목적에는 정답이 없고, 어떤 사람이라도 완성형이 아니라 조금씩 변해가는 법입니다. **완전하지도 않고 마음에 들지도 않는다는 생각은 우선은 접어 두어야 합니다.** 이런 생각을 입 밖으로 내뱉는 순간 나도 모르게 의식으로 전달되기 때문에 우선은 씨앗을 기준으로 삼아 행동의 변화를 시도해 봅니다. 이러한 행동들이 씨앗을 키워가게 되고 커리어 목적이 진화하게 됩니다.

'커리어 목적'은 나를 미소 짓게 만드는 언어

커리어 목적 발견이 어렵다는 이야기를 자주 듣습니다.

특히 많이 듣는 이야기는 애써 확실한 목적을 발견하기 위해 **내면의 다양한 자아와 타협이 안 되는 경우**입니다. 예를 들어, 사회적 불평등을 개선하고 싶다는 목적을 가지고 아동 빈곤을 지원하는 NPO에서 일하고 있는 사람이 있습니다. 그는 경제적으로 부족함 없이 풍요로운 삶이 가능한 금수저 가정에서 자랐지만, 아동 빈곤을 지원하는 나의 정체성은 무엇일까 하고 고민하는 경우입니다. 또한 커리어 목적이 무엇이냐는 질문에 도덕적으로 선하지 않으면 안 된다고 굳게 믿으면서 '나는 사실은 선한 사람이 아니다'라고 괴로워하는 사람도 있습니다.

커리어 목적은 내가 이것만큼은 절대로 양보하고 싶지 않다는 핵심 부분입니다. 그러므로 내면의 모순에 지나치게 빠지거나 세상의 잣대에 신경 쓰면서 도덕적인 내용만 작성하려고 애쓰지 않았으면 합니다. '항상 나 자신을 미소 짓게 하며 살고 싶다'라는 정도만 되어도 전혀 문제없습니다.

이러한 커리어 목적이 나에게 잘 맞는지 안 맞는지 판별하는 핵심이 있습니다. 목적을 입으로 되뇌어 보았을 때 **나의 내면으로부터 의욕이 솟아나는 기분을 느낄 수 있는지 확인**하면 됩니다. 그 말을 가슴에 새겨 두었을 때 적극적으로 바뀌게 된다면 그것으로 성공한 것입니다.

그런데 '씨앗'은 발견하셨습니까? 이 워크숍의 권장 사항은 누군가와 함께하는 것입니다. 물론 혼자서 할 수도 있지만 다른 사람과 함께하면 다양한 견해와 사고방식을 알게 되고 다른 관점에서 조언을 받을 수도 있습니다. 반드시 누군가와 **게임을 한다는 느낌으로 서로 의견을 교환하면서 진행**하시기 바랍니다.

실제로 이 워크숍을 진행한 사람들의 답변을 기재해 두겠습니다. 참고로 읽어 주십시오.[도표2-4]

[도표 2-4-1] '커리어 목적을 생각하기' 워크숍 답변 예

	일상 면에서	
1	내가 지금까지 변하지 않고 좋아하는 것은 무엇입니까?	여행, 혼자만의 시간, 영화, 독학
2	내가 좋아하는 습관이나 생활방식은 무엇입니까?	주말에 혼자만의 시간 갖기, 계획하지 않음
3	지금까지의 습관이나 생활방식 중 고치고 싶은 한 가지는 어떤 것입니까?	어떤 일이 신경 쓰여서 한번 시작하면 끝까지 해치워 버리는 것
4	관심 있는 뉴스나 TV프로그램 등을 다섯 개 선택하세요. 그것들의 공통점은 무엇입니까?	(공통점) 인간의 성장 내력을 알다.
5	어떤 혼잣말을 자주 합니까? (소리 내서 말하지 않아도 됩니다)	'괜찮으려나', '어떻게든 되겠지', '좀 침착하자'
6	나는 어떤 식으로 나만의 시간을 확보하고 있습니까?	가족이 각자 해야 할 일의 시간을 통일한다.
7	내가 10년 동안 손에 넣거나 구입한 물건 또는 제공받은 서비스 중 가장 가치 있게 생각하는 것은 무엇입니까?	자격증, 책, 혼자 해외여행

	감정 면에서	
8	내가 가장 감사하고 있는 사람이나 감사하고 있는 일은 무엇입니까?	전 직장의 선배. 자기계발을 하는 가치를 가르쳐 주었기 때문에
9	도저히 좋아할 수 없는 것, 이해할 수 없는 것은 무엇입니까?	뮤지컬, 첫 만남, 내 자신
10	최근 3년 사이에 경험한 일 중 그다지 내키지 않는 것은 무엇입니까?	아파트 임원, 업계 단체의 파티 참가
11	최근 3년 사이에 재미있을 것 같다고 생각한 세 가지를 말해 주세요. 재미있을 것이라고 느낀 세 가지의 공통점은 무엇입니까?	(공통점) 소수로 충분한 시간을 가지고 대화
12	내가 한번 시작하면 멈출 수 없는 것은 무엇입니까?	독학, ppt 자료 작성, SNS
13	내가 지금까지 살아오면서 선택한 사항 중 가장 영향력이 있는 것은 무엇입니까?	이직
14	지금까지 가장 열심히 살아왔다고 느끼는 시간은 언제였습니까? 그 시간은 다른 시간과 어떻게 다릅니까?	(차이) 서로 수용하고 있는 감각

꿈 면에서

15	만약 누구든지 만날 수 있다고 한다면 누구를 만나고 싶습니까?	수용해 주는 사람, 은사님
16	'대가를 받는다면 하고 싶은 것', '무보수라도 하고 싶은 것', '비용을 내더라도 하고 싶은 것' 중 '비용을 내더라도 꼭 하고 싶은 것'은 무엇입니까?	고민 상담받기
17	내가 앞으로의 삶을 풍요롭게 하기 위해 단 한 가지만 손에 넣을 수 있다면 무엇으로 하겠습니까?	자기 효능감, 안식일 여가
18	내가 시작한 것으로 3년 후에 여러 사람으로부터 감사 인사를 받았습니다. 나는 무엇을 시작했을까요?	휴식처 만들기
19	매우 행복해하고 있는 10년 후의 나를 타임머신을 타고 만났습니다. 나는 어떤 것을 하고 있습니까?	동료와 대화를 나누고 있다.
20	복권이 당첨되어 10억 원을 손에 넣었습니다. 경제적으로 여유로운 나는 무엇을 하고 싶습니까?	국내 여행, 봉사활동
21	나의 SNS에 5,000만 명의 팔로워로 있습니다. 나의 한 마디가 큰 영향을 미친다고 한다면 SNS에 어떤 메시지를 전달하고 싶습니까?	'가면(갑옷)을 벗자' '느리게 살아가기'

다른 관점에서 생각하기

22	타임머신을 타고 가 과거 어느 시점에서 인생을 다시 시작할 수 있다고 한다면 언제로 돌아가고 싶을까요? 그 이유는 무엇입니까?	중학교 시절 / 동조하고 있었다.
23	친구로부터 '나는 OOO한 사람이다'라는 말을 들었습니다. 뭐라고 말했을까요?	주위와 잘 어울리는 사람
24	잘 알지 못하는 사람으로부터 '나는 OOO한 사람이다'라는 말을 들었습니다. 뭐라고 했을까요?	팔방미인
25	부모님께 들을 법한 말 가운데 귀를 틀어막고 싶을 정도로 듣기 싫은 말은 어떤 말입니까?	'너는 힘든 상황이 되면 약해지니까'
26	내가 사형 선고를 받았습니다. 나에게 주어진 시간은 '앞으로 1년'입니다. 나는 무엇을 하고 있습니까? 무엇을 그만두고 싶습니까?	(할 것) 여러 사람과 만나기
27	죽음에 임박했습니다. 나에게 말을 걸고 있습니다. 무엇이라고 말하고 있습니까?	'힘들기도 했지만 즐거웠지!'
28	나는 다음 세대에게 무엇을 남겨주고 싶습니까?	나답게 사는 사회

[도표 2-4-2] '커리어 목적을 생각하기' 워크숍 답안 예

(1) 1번부터 28번까지의 질문에서 관심이 가는 질문을 3~5개 선택하고 답해 보세요. 질문에 답하는 것으로 나를 발견해 나갈 수 있습니다.

(2) 답한 내용에 대해 '왜 이 질문을 선택한 것일까?', '왜 그런 답이 나왔을까?', '그렇게 답한 나의 특징은 무엇일까?', '무엇을 기대하고 있는 것일까?'와 같은 관련 질문을 통해 더 깊이 있게 내가 중요하다고 생각하는 키워드나 핵심 문구를 생각해 보세요.

[키워드, 핵심 문구]

혼자만의 시간, 수용, 동료, 안식처, 나답게, 첫 만남이 불편한, 이야기하며, 느리게 살자, 소수 인원, 성장, 고민 상담, 괜찮겠지, 절박한 상황에 약함

→ 고민을 토로하고 이것을 모두 수용하고 자신감을 회복한다(나답게). 상호 수용 → 안심. → 낮은 자존감을 회복(수용하고 싶은 바람).

(3) 키워드나 핵심 문구에서 드러나는 나를 표현하기 위해 다음의 ( ) 안에 들어갈 단어를 생각해 보세요. (   )를 모두 채울 필요는 없습니다. 또한 다음 문장 이외에 내가 표현하고 싶은 것도 좋습니다.

☐ 나는 (편안하게 쉴 수 있는 장소에서 누군가와 대화)하는 것을 좋아하는 사람입니다.

☐ 나는 (실력 없다)라는 것에 화가 나고 의분을 느끼는 사람입니다.

☐ 나는 주위 사람과 (부담 없이 편안한 사이로 여유롭게 시간을 보내는) 관계를 만들어 가고 싶은 사람입니다.

☐ 나는 내가 관계를 맺고 있는 공동체(직장이나 지역, 취미 모임 등

동아리)에서 (고민이 해결되어 가고 나를 이해할 수 있는) 상태에 있는 것이 좋습니다.

□ 나는 사회가 (평화롭고, 이타적으로, 마음 편안하고 조화를 이루는) 상태에 있는 것이 좋습니다.

(4) 사회, 공동체, 주변이 나를 미소 짓게 하고, 조화를 이루기 위해 나는 어떤 상태로 존재하고 싶습니까? 다음의 문장으로 정리해 봅시다.

'나의 커리어 목적은 **사람의 마음에 따뜻함을 불어넣는** 존재이고 싶다'

04

유연하면서 부러지지 않는
기준 갖기

목적의 중요성이나 구체적인 이미지가 그려졌는지요? 반복해서 말씀드리지만, 커리어 목적을 생각할 때에는 가능하면 모호하고 추상적으로 생각하는 것이 핵심입니다. 많은 위인전이나 성공담에는 어떤 역경에도 굴하지 않고 흔들리지 않는 기준으로 한계를 돌파한 이야기가 많이 있습니다. 박력도 있고 실제로 성공도 했기(했다고 생각하는) 때문에 설득력도 있습니다.

물론 이런 방법으로 얼마든지 커리어를 잘 개척해 나가는 사람도 있을 수 있습니다. 다만 우리들이 앞으로 살아가야 할 시대이면서 커리어의 전제가 되어야 할 사회가 대대적으로, 빠르게 변하고 있다는 점을 주목해야 합니다. **한쪽이 흔들리지 않아도 기초가 되는 토대가 흔들리면 기준은 흔들리고 맙니다.** 면진구조라고 하는 지진 대책 공법이 있습니다. 건물을 단단하고 굳건하게 짓는 내진이 아니라 어느 정도의 흔들림으로 건물을 안전하게 지키는 공법입니다. 토대와 건물 사이에 면진장치를 해서 지면의 흔들림이 건물에 직접 영향을 주지 않도록 완화하는 구조로 되어 있습니다.

커리어에도 지진과 같이 토대의 흔들림이 빈번히 일어나는 뷰카

(VUCA) 시대가 도래하였습니다. 이런 뷰카(VUCA) 시대에는 너무 딱딱한 축을 가지고 있으면 부러질 가능성이 큽니다. 또한 대대적으로 계속해서 흔들리는 날들이 지속되면 괴롭기도 하고 불안할 것입니다. **지진의 흔들림을 흘려보낼 수 있는 유연한 축이 뷰카(VUCA) 시대에는 필수**라고 할 수 있습니다.

시행착오를 즐기면서 목적을 키워 나기기

위인전이나 성공담에 관한 이야기들은 훗날 일생을 되짚어가면서 작성한 것으로, 의도를 가지고 편집한 것입니다. 정말로 위인이 고민하거나 불안을 느끼는 과정들은 실제와 다를 수도 있습니다.

지금, 우리에게 필요한 것은 현재 진행형이며 그 기준은 미래에 도움이 되는 것, 나에게 지침이 되는 내용이어야 합니다. 이에 해당하는 것이 커리어 목적입니다. 이것은 절대로 움직이지도 흔들리지도 않는 것이 아니라 끊임없이 생각하고 시행착오를 겪으면서 발전시켜야 합니다. **나의 커리어 목적이 조금씩 변화해 가는 과정을 마치 수목에서 새순이 나오고 새로운 가지가 뻗어나가는 모습을 즐겁게 지켜보는 일처럼 과정을 즐기는 것이 중요**합니다.

대기업의 부장에서 새로운 분야의 벤처로 이직

'도전하고 싶은 생각은 있지만 지금의 안정성과 지위를 버리면서까지는….'

이런 경험은 누구에게나 한 번쯤은 있을 거라 생각합니다.

대기업의 인적자원 서비스 부서의 부장에서 43세의 나이에 새로운 분야인 벤처기업의 조직 개발 컨설턴트로 이직한 오카 씨도 그렇게 생각했습니다. 순조롭게 승진하던 안정적인 대기업 생활을 스스로 박차고 나온 결단의 이면에는 어떤 생각과 갈등이 있었을까요?

'**이직 후에 순조롭지만은 않았습니다만, 지금은 자신 있게 즐겁게 일하고 있다고 말할 수 있습니다**'라고 이야기하는 오카 씨의 사례입니다.

클라이언트의 말 한마디로 커리어 목적을 발견하다

오카 씨는 영업직으로 사회 생활의 첫발을 내디뎠습니다. 평가나 출세에 강한 집착이 있었다고 자신을 회상하고 있습니다. 실적이 좋아 30대 초반에 지방 지사의 관리자로 승격하고 관공서나 기업의 요청에 따라 등록된 인적자원을 연결해 주는 파견 업무를 담당하였습니다. 본사에서 멀리 떨어져 있는 영업 지점의 관리 책임자라는 이유도 있었고, 조직 내 관리자의 권한이 커지면서 자신의 지휘 권한에 따른 업무 환경에 만족하고 있었습니다.

이러한 안정된 지위가 쭉 이어졌으면 좋겠다고 생각하며 근무한 지 5년 만에 전환점이 찾아왔습니다. 회사로부터 기존의 업무와 성격이 다른 하청을 전담하는 외주 업무 부서의 설립 책임자로 발령을 받았습니다. 신설 부서의 설립 책임자로 발령받은 것은 **영전이나 발탁 인사이기도 하지만 오카 씨는 기쁨보다 압박을 많이 느끼게 되었습니다.** 이익과 효율성을 중시하는 회사의 방침에 따라 시스템이 제대로 갖추어지지 않은 상태인데도 높은 목표를 설정해 놓은 것이 이유였습니다.

신설 부서가 설립된 지 6개월 후, 본사에서 24시간 365일 가동하는 수발주 업무 위탁 프로젝트의 대응을 지시받았습니다. 물류업체로부터의 하청 업무였습니다. 오카 씨는 '현재의 인원 체제로는 무리'라고 강하게 주장하고 싶었습니다. 하지만 목표를 달성하지도 못한 상태에서 이런 주장을 펼치기란 쉽지 않았습니다. 본심을 숨긴 채 프로젝트가 시작되었습니다.

본래는 최소 20명의 인원이 필요한 프로젝트인데 16명의 인원밖에 배정받지 못하여 팀원들의 업무 부담만 가중되었습니다. 궁여지책으로 퇴직자를 다시 출근시키는 방법도 동원하였지만, 시간이 갈수록 상황은 안 좋아졌습니다. 저의 업무가 바쁜 이유도 있었기에 현장 감독자를 지정하여 업무를 전담시키기도 하였습니다. 하지만 이런 상태로는 안 되겠다고 판단하고 현장을 직접 방문하였습니다. '어르고 달래면 어떻게든 되겠지라는 안일한 생각도 있었습니다'라고 오카 씨는 당시를 회상했습니다.

그러나 상황은 예상한 것 이상으로 심각했습니다. 상주하고 있던 현장 감독직의 담당자는 회사에서 며칠째 쪽잠을 자는 상태였으며 얼굴은 창백하고 늘 몽롱한 상태로 일하고 있었습니다. 바로 귀가시켜 쉬지 않으면 안 되는 상황이라고 직감적으로 오카 씨는 판단했습니만 현장 감독자가 없으면 업무가 전혀 돌아가지 않는 상황이었습니다. 고민 끝에 오카 씨는 원청 회사에 일시적으로 업무를 대행해 줄 것과 그동안 현장 감독자의 체력과 기력 회복을 위한 휴식이 필요하다고 요청하기로 마음먹었습니다. 이러한 요청은 원청 회사에 반기를 드는 행동으로 여겨질 수 있었기 때문에 사과와 함께 양해를 구하기 위해 직접 원청 회사를 방문했습니다. 당연히 달가워하지 않을 것이라고 예상했는데 의외의 답변을 듣게 되었습니다.

"이제야 오셨네요. 당신이 그 말을 하러 오기를 기다렸어요. 현장 감독자에게 '우리가 대신해서 업무를 진행할 테니 쉬는 게 낫겠어요'라고 몇 번을 이야기해도 말을 듣지 않더라고요. '저는 절대로 쉴 수 없습니다. 약속한 계약 내용을 내팽개치고 도망갈 수는 없습니다'라고 하면서요. 우리는 괜찮으니 하루라도 빨리 쉬게 하세요."

당시에 오카 씨는 **지금까지 경험하지 못했던 부끄러움과 한심함**을 느꼈다고 합니다. 프로젝트의 어려움을 알고 있으면서 업무가 바쁘다는 핑계로 상담을 하러 오지도 않고 현장의 상황을 보러 오지도 않은 무책임한 행동을 되돌아보았습니다. 자신 때문에 인재 한 사람을 병들게 하고 있었던 것은 아닌지 생각해 보게 되었습니다. '매출과 이익만을 중시하여 직원의 의견 따위는 무시하는 조직의 미래가 좋을 리 없을 것이다. 거기에 편승하고 있는 관리자의 결말도 좋을 수는 없다.' 이런 생각이 들자 두 번 다시는 같은 잘못을 되풀이하지 않겠다는 결심이 마음 한구석에 자리 잡았습니다.

'직원의 생각이 반영되는 조직을 만들자'라는 강한 사명감 같은 것이 불끈불끈 솟아올랐습니다. 이러한 생각이 오카 씨의 커리어 목적과 이어져 갔습니다.

커리어 목적이 가속화되다

이 사건을 계기로 오카 씨의 의식과 행동이 변해 갔습니다. 예전에는 본심을 숨기고 상사의 지시대로 일을 진행하는 방식이 조직과 나를 지키는 일이라고 믿어 왔습니다. 그러나 이 사건 이후 '직원의 생각이 반영되는 조직을 만들자!'라는 목적에 따라 판단하고 행동하게 되었습니다. 실제로 이번 프로젝트는 '매출보다는 사원 한 사람이 더 소중하다'라고 주장하고 프로젝트 철수를 요청하면서 상사와 의견 충돌도 하게 되었습니다.

상사와 의견 충돌을 하는 횟수가 점점 많아지면서 오카 씨는 '지금까지의 행동을 바꾸는 것에 두려움도 있었지만, **내면의 변화를 그대로 받아들여 행동하고 나니 왠지 모를 후련함을 느끼게 되었습니다'라고 이야기하였습니다.** 그 이후에도 오카 씨는 자기 부서를 '직원의 생각이 반영되는 조직'으로 바꿔 보려고 부단히 노력하였으나 회사의 방침과는 차이가 있어 생각대로 되지는 않았습니다. 오카 씨는 지금의 상태로는 자신의 커리어 목적을 이룰 수 없다고 판단했습니다.

그리고 '조직 경영 분야도 더 학습하고, 직원의 생각이 반영되는 조직을 만들고 싶다! 그러기 위해서는 나 혼자서는 안 된다. 나와 같은 생각을 하는 사람들과 함께 일을 하고 싶다'라는 생각으로 더 뜨거워졌습니다. 이런 생각이 **경험도 없는 조직 개발 컨설팅이라는 일에 도전하는 계기**가 되었습니다.

커리어 목적이 진화하다

이직을 결심했을 때 오카 씨의 내면에는 오랫동안 몸담아 왔던 조직에서의 평가나 안정, 부장이라는 직함을 버리는 것에 대한 망설임은 당연히 있었습니다. 더욱이 이직을 결심한 회사는 불과 십여 명 규모의 벤처기업으로 신입사원의 입장에서 기본부터 다시 시작하는 것에 대한 불안도 있었다고 합니다.

오카 씨가 결단을 내리게 된 결정적 요인은 **5년 후, 10년 후를 상상했을 때 어느 쪽이 더 활기차게 일할 수 있을까였습니다.** '안정된 대기업의 부장직을 버리면서까지'라는 주위의 시선보다 '나의 목적에 맞게 기업의 조직 활성화를 지원하는 컨설턴트로 첫발을 내딛는 쪽을 선택했지요'라고 그때의 심정을 솔직하게 이야기해 주었습니다.

하지만 목적에 따라 이직을 하긴 했지만 이직하자마자 지식과 경험 부족이라는 장벽에 부딪히고 말았습니다. 주위의 사원들과 수준을 비교해 보면서 역시 무모한 도전이라는 생각에 자신감을 잃어버리기도 했습니다.

이러한 고민을 하는 오카 씨를 지탱해 준 것은 **'나의 일이 즐겁다고 느끼는 것'**이었습니다. 조직 컨설팅을 통해서 조직 내에서 고군분투하고 있는 사람들을 위해 새로운 가치를 만들면서 건강한 조직으로 변해 가는 것을 실감할 수 있었고 **예전에 하던 일에서 느끼던 것과는 확연히 다른 느낌**이었다고 합니다.

 오카 씨는 이렇게 알게 된 자신의 신념을 믿고, 일을 잘하기 위해 나를 단련할 방법을 모색했습니다. 결국 선택한 방법은 '워크숍 설계'를 배울 수 있는 성인 강좌였습니다. 연령, 성별, 직업을 불문하고 모인 사람들과 함께 이론적 지식을 쌓으면서, '사람들이 교류하는 장'을 창조하고 실천해 가는 학습의 터전으로, 시작부터 끝까지 닉네임만으로 교류하는 방식의 강좌였습니다. 회사의 직함을 떼고 한 개인과 개인으로서 편안하고 진솔한 만남이 거듭되면서 무엇인가 새로운 것을 창조해 낼 때와 비슷한 즐거움을 경험할 수 있었습니다.

 "각각의 다른 가치관과 생각들이 모여 새로운 것을 만들어 낼 때, 조직의 활기가 살아났어요. 그래서 **나 자신도 주위와 똑같을 필요는 없다고 생각**했지요. 서로가 다르다는 것을 인정하고 그것을 흥미롭게 느낄 수 있다면 더 나은 사회를 만들 수 있겠다고 생각하게 되었어요."

 여기서부터 오카 씨의 커리어 목적은 변하기 시작했습니다. 현재의 오카 씨의 커리어 목적은 '모두가 서로의 다름을 흥미롭게 여기는 사회 만들기'가 되었습니다.

 오카 씨는 매년 교체하는 수첩의 첫 페이지에 반드시 이 목적을 기록합니다. 새로운 도전으로 오카 씨는 훨씬 큰 커리어 목적을 설계하게 되었습니다.

 이직, 그리고 성인 강좌의 학습을 진행하면서 오카 씨는 부장이라는 직함을 가지고 있을 때보다 더욱 활기차게 일할 수 있었습니다. 오카 씨는 이러한 이유를 다음과 같이 분석합니다.

"지금까지는 주위의 평가가 전부인 삶이었지요. 주위에서 나를 인정하지 않으면 불안해서 참을 수 없었어요. 하지만 지금은 제가 추구하는 기준이 명확하기에 그것에 비추어 보면서 스스로 자문자답하는 방식을 취합니다. 이러한 방식을 깨닫고 나서는 이상하게도 **미래에 대한 불안이나 두려움이 사라졌어요.**"

오카 씨는 앞으로도 장벽에 부딪혔을 때, 커리어 목적에 부합하는지 질문해 가면서 전진해 나갈 거라고 이야기합니다. 5년 후, 10년 후, 오카 씨는 어떤 모습이 되어 있을까요? 주위 사람들도 오카 씨 본인도 지금은 상상조차 할 수 없는 존재가 되어 있을 것이라고 확신합니다.

제3장

체질 개선에 주력하기

01
'체질 개선'을 향한
행동 설계

뷰카(VUCA) 시대의 커리어 디자인 두 번째 스텝은 '체질 개선'입니다. 여기서 말하는 '체질'이란 **네트워커 체질, 성장 체질**의 두 가지를 말하며, 각각의 개선으로 더 나은 목표를 발견할 수 있고 목적을 성장시키는 열쇠가 됩니다.

『라이프 시프트』에서 100세 인생 시대를 풍요롭게 영위해 나가기 위해서는 생산성 자산, 활력 자산, 변신 자산과 같은 무형의 세 가지 자산 형성이 중요하다고 이야기하고 있습니다.

생산성 자산이란 지식이나 기술 등을 중심으로 소득을 늘려나가는 직접적인 요소이고, 활력 자산이란 육체적·정신적 건강과 관계가 있는 자산을 말합니다. 그리고 변신 자산이란 100세 인생 시대에 반드시 발생하는 대대적인 변화에 대응하여 나를 변신시켜 줄 수 있는 자산입니다. 이 책에서는 이와 같은 무형 자산을 형성하기 위해서 시간 활용이 중요하다고 설명하고 있습니다. 그중에서도 삶을 즐길 수 있는 시간인 '여가 시간(레크리에이션)'이 '재창조의 시간(리크리에이션)'으로 교체되지 않으면 100세 인생을 살아갈 수 없다고 단언하고 있습니다.

이러한 주장에 불안이나 긴장감으로 열정을 느끼지 못했다고 이야기하는 분들도 많을 것입니다.

물론 더 나은 커리어를 실현하기 위해 다양한 방면에서의 노력이 필요합니다. 그렇다고 해서 나의 여가 시간을 전부 기술 향상에만 활용한다 해도 인생 전략 면에서 완벽하다고 할 수는 없습니다.

그리고 **'아무리 힘들더라도 나를 계속해서 열정적이게 하는 그 무언가를 발견'**하는 **것이 중요**합니다. 열정적이게 하는 그 무언가를 발견한다면 결과가 좋지 않더라도 그 과정만으로도 많은 것을 얻을 수 있습니다.

한계 돌파를 위한 체질 개선에서는 『라이프 시프트』의 주장과는 다른 관점이지만 최종적으로는 세 가지의 무형 자산 형성을 추구합니다. 관점을 너무 넓게 하지 말고 네트워커 체질과 성장 체질 두 종류의 체질로 좁혀서 강화하더라도 반드시 나를 열정적이게 하는 커리어를 개척할 수 있을 거라 확신합니다.

(1) 네트워커 체질 강화로 '다른 사람의 능력을 잘 활용하기'

'상상 이상의 내가 되는 것. 뷰카(VUCA) 시대를 기회로 새로운 나를 발견하려면 뼈를 깎는 노력이 필요합니다'라고 착실한 사람일수록 이런 생각을 하기 쉽습니다. 그런데 최소한 그 정도의 노력은 해야 한다고 생각하면서도 바로 포기하는 사람도 있을 것입니다.

여기에서 간과해서는 안 되는 부분이 있습니다. **현재 여러분이 상상하는 최고의 미래는 상상할 수 있는 것이므로 상상 이상의 나라고 할 수 없습니다.** 또한 상상 이상이 된다는 것은 나 스스로 너무 애쓰지 않고, **다른 사람의 능력을 빌리는 것**을 의미합니다. 이를 위해서는 자연스럽게 다양한 연결로 이어질 수 있는 행동 패턴이 습관화될 수 있도록 네트워커 체질을 강화하는 것이 필요합니다.

(2) 성장 체질의 강화로 '새로운 것을 끊임없이 배워 나가기'

다음은 성장 체질의 개선입니다. 성장 체질이란 무언가 새로운 테마를 **끊임없이 배우는 것이 당연한 상태**를 말합니다. 스스로 생각하고 나 스스로 새로운 배움을 찾기 위해 노력하고, 그곳에서 내가 초심자가 되어 다양한 배움을 즐기는 힘을 기르는 것입니다.

조금 더 쉽게 이해할 수 있도록 체험담을 말씀드리겠습니다. 모 기업의 대표와 회식을 하고 있을 때 이런 질문을 했습니다.

"사장님처럼 훌륭한 경영자가 되려면 앞으로 어떤 것을 염두에 두면 좋을까요?"

'책을 많이 읽으세요.'

'영어는 필수입니다.'

이런 조언을 예상했었습니다만 의외의 답변을 들었습니다.

"우선은 진지하게 몰입할 수 있는 스포츠와 예술 관련 취미를 만드세요."

예상 밖의 조언에 놀라고 있는 저에게 사장님은 이야기를 이어 나갔습니다.

"어떤 것이든 학원에 다니면서 열심히 배우세요. 스포츠든 예술이든 날마다 노력하지 않으면 안 되니까요. 가능하면 젊은 선생님에게 혼나면서 배우는 것이 효과적입니다. 나의 부족한 부분이 보이니까요. 일은 그렇지 않습니다. 우수한 부하들에게 둘러싸여 일하게 되면 부하들이 무슨 일이든 척척 알아서 해 주기 때문에 내가 생각해서 행동하고 시도하고 시험할 수 있는 능력이 점차 감퇴합니다. 거기에 어느 정도 위치에 오르면 모든 사람이 존대해 주므로 나도 모르게 오만해질 수 있습니다."

사람은 일이 어느 정도 익숙해지고 커리어 면에서도 자신감이 생기면 오만해지기 쉽습니다. 또한 업무에서도 효율적인 성과를 내기 위해 그다지 고생하지 않고 한 행동들을 정당화하기도 합니다. 이러한 상태가 계속되면 어느새 비성장 체질이 되고 맙니다.

하지만 스포츠나 예술은 전혀 다른 인맥 형성으로 연결되기도 하고, 이미 알고 지내던 사이였는데 전혀 다른 분야에서 인연이 되는 계기가 만들어지기도 합니다. 물론 비즈니스적인 면으로도 연결하려고 노력하는 것도 필요하지만, 그것만으로는 균형을 맞출 수 없습니다.

02

커리어 목적은 성격의
문제가 아니다

커리어 목적(purpose)이나 목표가 정해지지 않은 사람에게 우선 두 가지 체질 개선을 해 보자고 제안하면 주로 이런 답변을 듣게 됩니다.

'저는 그런 타입이 아니에요….'

그다지 사교적이지 않아서 학습 모임이나 행사에 참석하는 것이 익숙하지 않고 불편해서 성격적으로도 맞지 않습니다, 시도해 보고 싶기는 하지만 공부하는 것을 힘들어하는 성격이라는 반응입니다.

방법은 사교적인지 아닌지, 공부를 잘하든 못하든 상관없이 우선은 조금이라도 관심 있는 분야에서 열정을 느껴 보는 것입니다. 열정은 더 나은 커리어를 설계하는 과정에서 반드시 필요한 방향을 찾는 요소입니다. 어느 정도 진행한 다음 '별로 심장이 뛰지 않아'라고 느꼈다면 바로 다음으로 넘어갑니다. **직접 경험하지도 않고 나와 맞지 않는다고 결론을 내리는 것은 기회만 잃어버리는 일입니다.**

한편, 다양하게 시도해 보는 것에 거부 반응도 없고 솔직히 그다지 재미도 없지만, 이전에 맺었던 인간관계를 유지하고 싶어서 그만둘 수 없다고 하는 분들도 있습니다. 이런 경우에는 일단 거리를 두는 것이 필요합니다. 갑자기 관계를 단절하는 것도 어색하므로 다양한 핑곗거리로 잠시 쉬면서 생각해 보면 자연스럽게 결론이 나올 것입니다.

자! 본론으로 들어가겠습니다. '저는 그런 타입이 아닙니다'라고 할 때 '타입'이 정말로 맞는 표현일까요? 스탠퍼드 대학의 캐럴 S. 드웩 교수는 그의 저서『마인드셋 '하면 할 수 있다!'의 연구』중에서 성격(퍼스널리티)과 마음가짐(마인드셋)을 분류해서 정리하고 있습니다.

이 책에서는 **나의 성격과 내가 생각하고 있는 많은 것들이 사실은 마인드셋의 산물이라고 합니다. 또한, 마인드셋은 뇌의 회로, 마음 체계이기 때문에 일상적인 노력으로 바꿀 수 있다고 설명**하고 있습니다. 그렇다면 마인드셋이란 구체적으로 어떤 것이고 어떻게 하면 바꿔 나갈 수 있을까요?

누구나 두 가지의 마인드셋을 가지고 있다

드웩 교수는 마인드셋은 크게 두 가지 유형으로 나눌 수 있다고 말합니다. 하나는 '**경직 마인드셋**'입니다. 인간의 기본적인 자질은 고정적이고 **나의 유능함을 증명하고 싶어 합니다.** 또 다른 하나는 '**유연 마인드셋**'입니다. 인간의 기본적 학습은 노력 여하에 따라 성장할 수 있고 **항상 성장하고 싶다고 생각하는** 것입니다[도표 3-1].

	경직 마인드셋	유연 마인드셋
기본적 의미	항상 내가 유능하다고 인정받고 싶은 마음	항상 끊임없이 배워 나가고 싶은 마음
도전	가능하면 도전은 피하고 싶은 마음	새로운 것에 도전하고 싶은 마음
장애	역경이 오면, 바로 포기하는 마음	역경이 와도 인내하는 마음
노력	노력은 믿기 어렵다는 마음	노력은 무엇인가 얻기 위해 꼭 필요하다는 마음
비판	부정적인 의견은 무시하는 마음	비판을 통해 진지하게 배워 나가는 마음
타인의 성공	타인의 성공이 위협적이라는 마음	타인의 성공에서 배우고, 깨우침을 얻는다는 마음

캐럴 S. 드웩, 『마인드셋 '하면 할 수 있다!'의 연구』(2016, 초사社)의 도표를 참고.

경직 마인드셋을 가진 사람은 타인으로부터 내가 어떻게 평가되는가에 신경 쓰는 것에 비해 유연 마인드셋의 사람은 나를 발전해 나가는 것에 관심을 둡니다.

선천적인 성격이라고 생각하던 부분이 사실은 이러한 마인드셋의 행동 유형에 따라 후천적으로 개발된다고 한다면 어마어마한 변화가 일어날 것입니다. 이 두 가지의 마인드셋을 알게 되면 많은 사람은 유연 마인드셋을 갖고 싶어 하고, 그러한 마음가짐을 가지지 않으면 안 된다고 느낄 것입니다.

여기서는 냉정하게 이러한 개념을 인정하면서 내면의 경직 마인드셋을 응시해 주기 바랍니다.

나와 나의 능력이나 재능을 주위로부터 인정받고 싶다고 생각한 경우는 삶 속에서 셀 수 없이 많을 것입니다. 아마도 듣기 싫은 말은 아예 들으려고 하지도 않았을 것입니다. 마인드셋의 관점에서는 사람의 본성을 바꿀 수 없고, 바꿀 필요도 없다고 생각합니다.

하지만 유연 마인드셋은 어떠한 결과든지 받아들이고 더 나은 나로 변화하는 데 활용할 수 있습니다. 또한 듣기 싫은 조언이라도 지금까지 이렇게 고맙게 느낀 적은 없다고 여기며 수용하려는 자세입니다.

아마도 모든 사람들이 경직 마인드셋과 유연 마인드셋 양쪽 다 보유하고 있다가 상황에 따라 경직되기도 하고 유연하게 되기도 한다고 생각합니다. **신체를 스트레칭하는 것처럼 마음과 마음가짐에도 스트레칭이 필요**합니다.

'누구나, 언제든 인간은 변화할 수 있고 성장할 수 있다. 그리고 나 자신도.'

15년 전부터 책상에 붙어 있는, 제게 보내는 메시지입니다. 여러분도 성격의 문제라고 치부하지 말고 나의 마인드셋의 유연성을 유지할 것과 서서히 유연하게 만들어가야 한다는 것을 인지해 주시기 바랍니다.

03

'네트워커 체질을 강화하기' 워크숍

여기에서부터 '체질 개선' 워크숍입니다. 첫 번째로 네트워커 체질의 강화입니다.

새로운 만남과 그리운 만남을 소중히 하기

이 워크숍을 하기 위해서는 대전제가 있습니다. **처음부터 나의 커리어와 이어질 수 있는 만남을 지나치게 의식하지 않는 것입니다.** 그리고 핵심은 새로운 만남과 그리운 만남을 소중하게 여기는 것입니다.

우선은 매주 한두 명도 좋습니다. 새로운 사람과의 만남에 신경을 씁니다. 매주 두 사람을 만난다고 하면 연간 100명의 인맥을 만들 수 있습니다. 만남의 방법은 온라인이라도 상관없습니다. 코로나 위기가 온라인 회의를 일상으로 만들고, 물리적인 거리를 넘어서 다양한 사람들과 만날 기회를 많이 만들어 주었습니다.

그리운 만남 또한 중요합니다. 학창 시절 친구들은 각자의 영역과 위치에서 다양한 일과 세계와 연결되어 있습니다. **그 안에서 어떤 부분은 자연스럽게 소중한 만남으로 이어질 가능성이 기다리고 있습니다.**

구체적으로는 체질 개선을 위한 나만의 규칙 작성을 추천합니다. 예를 들면 매주 1회 점심 모임을 하고 있다면 2회에 한 번은 그리운 사람, 멀리 있는 사람과의 만남 갖기를 규칙으로 정합니다. 온라인 앱이나 어플 등을 사용하는 경우라면 매주 화상 모임에 주 1회 참여할 수 있고, 출신지의 지역 활동이나 관심 분야의 NPO 활동에 참가하는 것도 의외의 인연으로 이어지게 됩니다. 어떤 것이든 무리하지 말고 계속해서 나를 열정적이게 하는 내적 신호를 감지해 나가는 것이 중요합니다.

그러나 '중요하다는 건 알겠지만 실행이 어려워요!'라고 하시는 분들도 많습니다. 그래서 네트워커 체질을 강화하는 실천 3단계를 알려드리겠습니다.

(1) 마인드셋 정비하기
(2) 접근 대상을 목록화하기
(3) 행동 촉진을 위한 습관 만들기

(1) 마인드셋 정비하기

다양한 산업, 다양한 세대의 사람들과 관계를 확대해야겠다고 생각은 하지만 쉽게 실천하지 못하는 사람, 망설임 없이 바로 행동에 옮기는 사람 중 여러분은 어떤 유형입니까? 그리고 이 두 가지 유형의 사람은 어떤 점이 다를까요? 이미 아시다시피 성격의 차이가 아니라 마인드셋의 차이입니다. 별것 아닌 것 같은 견해의 차이가 상당한 영향을 미치게 됩니다.

행동으로 옮기지 못하는 많은 사람들은 접촉을 시도했던 상대가 거절하거나, 화를 내거나, 무시했던 경험 때문에 두려운 것입니다.

여러분도 마음속에서 '분명 바빠서 상대해 주지 않을 거야', '모르는 사람에게서 오는 메일 따위는 열어 보지도 않을 게 뻔해'라고 생각하면서 무의식 속에서 변명하고 있지는 않은가요? 저 자신도, 변명투성이로 행동에 옮기지 못하는 유형이었기 때문에 이런 기분을 충분히 이해합니다.

하지만 저도 지금에 와서야 이해하게 되었습니다만, **아직 발생하지도 않은 미래를 마음대로 결론지어 버리고 불안한 상태로 몰아가고 있을 뿐입니다.** 그리고 나에게 변명하고 있다는 것을 인식하지 못하기 때문에 행동이 바뀌지 않는 것입니다.

체질 개선을 위해서 맨 먼저 할 일은 행동을 주저하게 만드는 마음을 인지하고 사물을 바라보는 방식을 바꾸는 것입니다. 다음의 질문에 답해 주십시오.

① '당신이 지금 가장 만나고 싶은 사람(지인이 아닌 사람을 상상해 주십시오)과 바로 약속을 잡아 보세요'라고 요청했을 때 행동으로 옮기는 것에 주저하고 있는 나를 상상해 주세요. 어떤 기분이십니까?

② 3년 후의 어느 날, 만족할 만한 인생을 보내고 있는 당신에게 관심을 보이던 모 중학교 선생님으로부터 갑자기 다음과 같은 메일이 왔습니다.
'아이들에게 당신의 이야기를 꼭 들려주고 싶습니다. 시간을 내주

실 수 있을까요?' 이 메일을 읽은 당신은 어떤 기분이 들었습니까? 그리고 1번 사항에서 주저하고 있었던 내적 갈등 요소를 다시 생각해 보세요. 그러한 갈등 요소는 뭔가 새로운 인식으로 바뀔 수 있습니까?

③ 만남을 확장해 나가기 위해 행동을 실천에 옮기기에 앞서 당신에게 용기를 북돋아 줄 수 있는 응원의 메시지를 생각해 봅니다.

①번 문항의 질문은 마음속의 변명, 혹은 그런 변명을 만들어 내는 무의식을 전제로 합니다. 그러나 이러한 변명이나 전제는 정말로 맞는 것일까요?

②번 문항의 질문입니다. 반대 입장이 되어 객관적으로 생각해 봅니다. 당신이 누군가로부터 만나고 싶다는 말을 들었을 때 어떤 기분이 드는지, 그 기분에 의해 무의식의 전제는 변할 수 있는지 생각해 보는 것입니다.

그런데 이 질문에서 어떤 것들이 떠올랐습니까? **만나고 싶다는 말을 듣고 당연히 기분이 나쁘지는 않았을 것**입니다. 그런 당신이 상대방의 만남 제안을 거절한다면 어떤 이유가 떠올랐습니까? 만남을 제안한 사람에게 거절당했다는 것을 어떻게 알리면 좋겠습니까?

아니면 그런 제안을 받는 것 자체가 귀찮다고 느끼는 분들도 있으리라 생각합니다. 시간도 뺏기고 어떤 사람인지도 모르는데 굳이 상대해 줘야 하나?라고 생각하는 것도 충분히 이해합니다. 만약 당신이 접촉을 시도한 상대가 그런 생각을 하는 사람이라면 문전박대를 당할 수도 있습니다. 하지만 문전박대를 당한다 해도 그 일 때문에 당신의 인생이 나빠질까요?

결국 상대가 어떤 사람이고, 어떤 취급을 당해도 상대의 기분을 당신이 그대로 수용할 필요는 없습니다. 그리고 상대의 대응에 대한 감정은 내가 그 사실을 어떻게 인식하느냐에 달려 있고, 해석하기 나름입니다.

당신은 어떻게 해석하고 있습니까? 새롭게 인식한 것이 있다면 그것도 함께 기재해 주십시오.

그리고 다음으로 생각해야 할 것이 3번 문항처럼 나에게 보내는 응원의 메시지입니다. 응원의 메시지를 가지고 있다면, 괴롭고 힘든 일이 있더라도 나에게 이익이 되는 방향으로 해석을 전환할 수 있게 됩니다. 부디 창피하다 생각하지 마시고 나에게 마음껏 응원의 메시지를 보내십시오.

(2) 접근 대상을 목록화하기

마인드셋을 정비했다면 실제로 접근할 상대를 결정합니다. 한계 돌파를 위해서는 내가 알고 있는 사람 중에서 선택하는 것이 아니라 의외의 사람들과의 만남을 즐기는 것이 중요합니다. 사람들과 만남의 기회를 많이 만들면서 다양한 이야기를 나눠 보세요.

만남의 기회를 많이 만들기 위해서 어떻게 접근하면 좋을지 생각해 봅니다. 만남의 기회를 만들고 네트워크를 넓혀 나가기 위한 활동으로 크게 다음의 세 가지가 있습니다. 각각에 대해서 조금이라도 열정이 솟아나는 나의 마음을 목록화해 보세요.

1) 참가할 수 있는 이벤트(새로운 사람)

 * 출신지의 지역 활동, 관심 있는 NPO, 조찬 모임, 독서회 등 아주
   작은 모임이라도 재미있을 것으로 생각하는 모임을 목록으로 작
   성해서 적극적으로 참가해 봅니다.

 * 약간의 창피함을 무릅쓰고라도 주눅 들지 말고 참가해 보는 것이
   좋습니다.

2) 도움을 받을 사람(그리운 사람)

 * 지인들 중 핵심이 되는 사람들을 목록화해 보세요. 또한 일상생활
   에서 만나는 사람들에게 '인맥을 넓히고 싶으니 재미있는 행사나
   사람들이 있다면 소개 부탁드립니다'라고 전달해 보는 것도 좋습
   니다.

3) 만나고 싶은 사람(새로운 사람/그리운 사람)

 * 누구를 대상으로 할지에 대하여 정해진 것은 없습니다. 마음에 드
   는 책의 저자나 경영자 등 저명인, 나와 다른 삶을 살아온 사람들
   도 좋습니다. 노숙자와 이야기를 나눠 보면 자신이 지금까지 미처
   생각하지 못했던 내용을 들을 수 있어서 도움이 되었다는 사례도
   있습니다.

**만남의 기회를 많이 만드는 것의 핵심은 어찌 되었든 그 사람의 도
움을 받는 것**입니다. 구체적으로는 조찬 모임이나 세미나, 행사 등 사
람들이 모이는 장소에 참가하는 방법과 지인들에게 소개를 받는 방법

입니다. 온라인이라도 상관없지만 가능하면 참가자들끼리 잡담을 할 수 있는 장소에서 서로의 인품을 알아가는 편이 더 효과적입니다. 빠르게 계속해서 목록화해 보십시오. 참가할 행사를 엄선할 필요는 없습니다. 내가 조금이라도 흥미를 느끼고 있는 행사라면 무조건 목록으로 만들어 둡니다.

(3) 행동 촉진을 위한 습관 만들기

네트워커 체질 강화의 마지막 단계입니다. (1)에서 마인드셋을 정비하고, (2)에서 접근 대상을 목록화했지만 정작 새로운 만남이 생기게 되면 불안한 기분이 들 수도 있습니다. 여기에서 **불안한 기분에 좌우되지 않고 바로 행동으로 옮길 수 있는 습관을 만들어야 합니다.**

① 만나는 사람들과 대화의 습관을 만듭니다. 처음 만난 사람과 어떤 주제로 이야기할지를 먼저 정하기 위해 만난 사람에게 듣고 싶은 것을 목록으로 준비해 둡니다. 대화의 소재거리만 발견하면 상대가 적극적으로 이야기를 주도해 나갈 수 있으므로 소재거리만 찾아도 안심할 수 있습니다.

② 만남의 습관을 만듭니다. 만남을 위한 행동을 언제 할지를 결정해 둡니다.

(ㄱ) 준비의 행동 습관

(ㄴ) 만남의 행동 습관

습관 만들기는 두 가지로 요약할 수 있습니다. 첫 번째는 **대화의 소재거리를 정해 둘 것**, 두 번째는 **언제, 어떤 행동을 할까를 정해 두는**

것입니다. 잘 알지 못하는 사람과 만날 때에는 특히 대화가 이어질 수 있을지 불안하겠지만 대부분 행사에 오는 사람들은 누군가와 대화를 원하는 사람들입니다. 또한 인생 경험이 많은 상대라면 만나고 싶은 요소도 많으므로 실마리만 잘 이끌어 내면 그다음은 상대가 적극적으로 대화를 주도해 가는 경우를 많이 볼 수 있습니다. 만남의 습관은 구체적으로 행동을 정해 두는 것으로 하루하루의 규칙적인 일과를 만들어 놓고 자연스럽게 접목하는 것입니다. 이 두 가지의 습관에 대해서 구체적인 예를 몇 가지 들어 보겠습니다.

[도표 3-2] '네트워커 체질을 강화하기' 워크숍 참고 예

(3) 행동 촉진을 위한 습관 만들기

① 만난 사람들과의 대화 습관을 만듭니다. 처음 만난 사람과 어떤 이야기를 할지 미리 정해 두기 위해, 만난 사람에게 듣고 싶은 내용의 목록을 준비해 둡니다. 대화의 소재거리만 발견하면 상대가 적극적으로 이야기를 주도해 나갈 수 있으므로 이런 경우는 안심할 수 있습니다.

- _____
- _____
- _____
- _____
- _____
- _____

예)
- 지금 가장 즐거운 것
- 최근 신경 쓰이는 사건
- 재미있었던 영화나 책 등
- 관심 가는 뉴스
- 재미있는 지인
- 어렸을 적 추억

② 만남의 습관을 만들고, 만남을 위한 행동을 언제 할지를 정해 둡니다.

	행동 습관	(예)
(ㄱ) 준비		□ 매주 월요일 오전 8시~9시 • 참가하는 행사나 만나고 싶은 사람을 정하고 접근함(세미나 신청, 만나고 싶은 사람에게 메일 발송 등) □ 매월 말의 토요일 저녁 • 당월의 활동을 회상해 보고 다음 달의 활동 방향을 정하기(조찬이나 세미나에는 참가하지 않고, 만나고 싶은 사람에게 어떻게 접근할지 집중하기 등)
(ㄴ) 만남		□ 매주, 세 사람에게 도움을 얻기 위해 접근하기 □ 매월, 만나고 싶은 사람 열 명에게 접근하기

04

'성장 체질 강화하기'
워크숍

이번에는 구체적인 성장 체질의 강화에 대해 생각해 봅시다. 우선은 세 가지 영역에 주력합니다.

일, 일 이외, 취미의 세 가지 영역에 도전

첫 번째는 현재의 일과 관련한 성장 테마의 영역입니다. 자격증 공부일 수도 있고, 다른 회사의 같은 업무를 담당하고 있는 사람들과의 **교류회, 연구회**일 수도 있습니다. 직종마다 다른 업종 간의 네트워크 모임은 반드시 있기 때문에 찾아보기를 권합니다.

두 번째는 현재의 일과는 다른 영역에서의 성장 테마입니다. 관심 있는 전문 분야도 좋고 부족한 관련 분야 공부도 상관없습니다. **조금 다른 분야의 자격, 관심 있는 NPO의 행사 참가**도 좋을 것입니다.

[도표 3-3] 성장 체질 강화의 세 가지 영역

성장 영역	참고 예
현재의 일에 관한 성장 주제	• 전문 자격의 공부 • 회사 밖의 같은 일을 담당하고 있는 사람과의 교류회, 연구회 • 직종마다 다른 업종의 네트워크 • 대학교수, 컨설팅회사 전문가와의 의견 교류
현재의 일과는 상관없는 성장 주제	• 도전하고 싶고 관심 있는 전문 분야의 학습 • 비전문 분야의 테마(회계, 법률 등) 학습 • 조금 다른 분야의 자격 취득 • 관심 있는 NPO의 행사 참가
스포츠, 예술 분야의 성장 주제	• 어린 시절, 학창 시절에 했던 스포츠, 예술 분야 • 새롭게 시작하고 싶다고 생각하는 스포츠, 예술 분야

세 번째는 스포츠, 예술 등의 취미 영역 중에서 진지하게 몰입할 것을 한 가지 선정합니다. 이미 경험한 것도 좋습니다만 전혀 새로운 분야에 도전하는 것도 추천합니다. 초심자의 입장이 되어 성장을 경험하는 것은 **새로운 도전에 대한 원동력이나 자신감으로 이어집니다.**

이러한 세 가지 영역에서의 성장을 의식하고 행동을 시작하면 **인접한 영역에서 새로운 분야도 발견하게 됩니다.** 발견된 새로운 분야는 네트워크를 통해 새로운 영역으로 또다시 연결될 것입니다. 비대면 교육 등을 활용한 독학도 가능하지만 대면 수업을 하는 학원이나 방송통신 학교를 선택하면 네트워커 체질과 성장 체질 양쪽 모두를 강화할 수 있습니다. 가능하다면 양쪽을 다 성장시킬 수 있는 방법을 선택하는 것이 가장 좋습니다. 우선 너무 많은 생각을 하기보다는 세 가지의 영역으로 나누어 도전해 보십시오.

이 도전에서도 마찬가지로 실패란 없습니다. 시작한 영역에서 그다지 열정이 생기지 않는다면 그러한 나에 대한 이해가 더욱 깊어지게 됩니다. **조금씩 나의 가능성이나 적성에 맞지 않는 영역을 발견하게 되고 본래의 나의 목적에 다가가게 되는 것입니다.**

결정은 했지만 고집하지 않기

네트워커 체질 강화의 활동으로 여러 개의 행사에 참가하기도 하고 다양한 사람들과 이야기를 나누면서 나를 성장시키는 세 가지의 영역에서 무엇을 할지 결정합니다. 구체적으로 몰입해 나갈 내용을 작성해 주십시오.[도표 3-4]

핵심은 급하게 결정하지 말 것과 정한 것에 너무 고집을 부리지 않는 것입니다. 네트워커 체질 강화에 의해 다양한 만남이 생겨납니다. 그러한 과정에서 여러분의 선택지가 많아지기 때문에 **무엇을 할지는 어느 정도 선택지가 많이 만들어졌을 때 결정하는 것이 중요**합니다. 부족한 선택지 안에서 급하게 결정하게 되면 나중에 새로운 선택지로 바꾸게 되고 제대로 결정도 못 하고, 차분히 한 가지 일을 완수하는 것 또한 어려워집니다.

[도표 3-4] '성장 체질 강화하기' 워크숍

네트워커 체질 강화의 활동으로 몇 개의 행사에 참가해 보기도 하고 다양한 사람들과 대화하는 기회를 여러 차례 경험해 보았다면, 나를 성장시키는 세 가지 영역에서 무엇을 할지 정합니다. 구체적으로 몰입할 내용을 적어 주십시오.

1. 일에 관한 영역	2. 일 이외의 영역	3. 취미 영역

한편 모순된 이야기일 수도 있지만, 이미 정해진 주제라고 너무 집착하지 말고 변화를 주는 것도 중요합니다. 한 가지 분야를 지속할 수 있다는 장점은 있지만, 뷰카(VUCA) 시대에는 기회를 놓치고 마는 결과로 이어질 수도 있습니다.

자신의 목적과 항상 견주어 보아 맞지 않는다면 결단을 내리고 손을 뗄 용기도 가져 봅니다. 정말로 하고 싶은 것은 한 번 손을 떼도 반드시 되돌아옵니다. 손을 떼는 것이 멀리 돌아가는 것이 아니라 한 번은 손을 떼야만 하는 필연적 이유가 있기 때문입니다.

이 워크숍의 과정에서 일의 영역과 일 이외의 영역을 구분하기 어렵다는 상담을 자주 받습니다. 하지만 이것도 엄밀하게 구분할 필요는 없습니다. 시간을 중심으로 바로 도움이 될 듯한 것과 중장기적으로 도움이 될 만한 것으로 구별할 수 있고, 다른 업종이나 관심 있는 자격증도 상관없습니다. 중요한 사항은 **시야를 넓히고 활동을 설계**해 나가는 것입니다. 어디까지나 기준으로써 세 가지 관점을 생각해 주십시오.

반복을 통해 목적을 세련되게 만들기

지금까지 네트워커 체질 강화의 워크숍을 반복했습니다만 이 워크숍은 한 번으로 끝내는 것이 아닙니다. 제2장에서 인생의 목적(대목적)을 예제로 설정해 두었고, 제3장의 워크숍을 반복하는 것을 통해 **대목적이 세련됨과 동시에 중목적, 소목적이 만들어집니다.**

그리고 이 목적도 한 번 만들면 고정되는 것이 아니고 언제든 바뀔 수 있다는 것을 염두에 두기를 바랍니다. 여기에서 핵심은 나의 마음과 대화하는 것입니다. 나의 진실한 마음을 믿어 주십시오.

05

일상의 습관이 커리어를
더욱 성장시킨다

지금까지 네트워커 체질과 성장 체질의 두 가지 체질 개선 방법을 설명했습니다. 체질 개선이란 말은 건강을 개선하기 위한 방법으로 자주 언급하는 말로, 저도 최근에 신경 쓰이는 단어 중에 생활습관병이라는 단어가 있습니다. 예전에는 성인병이라 했지만, 성인이 되었다고 모두가 질병에 걸리는 것은 아니고 식습관, 운동 습관, 휴식, 흡연, 음주 등의 생활습관에 의해 발병하기 때문에 생활습관병이라 부르게 되었습니다.

이것은 육체적인 질병에 대한 것이지만 정신적 측면 즉 **커리어에 대한 인식이나 사고방식 측면에서도 생활습관병과 같은 원리를 적용**할 수 있습니다. 더 나은 커리어를 만들기 위해서는 커리어를 더 좋게 만드는 생활 습관이 필요하다는 의미입니다.

조금 주제에서 벗어난 이야기지만, 조직 개발 컨설턴트로서 이런 고민들이 조직 내에서도 나타나고 있다는 것을 매일매일 느끼고 있습니다. 많은 기업에서 정년을 연장하거나 버블기에 대규모로 채용한 사람들로 채워지면서 조직의 고령화가 진행되고 있습니다. 이러한 문제에 긍정적으로 대응하고 있는 조직은 동기 부여나 능력 개발의 문제가 생활습관병의 성격과 같은 것이라고 이해합니다. 다시 말해 조직원들의 생활습관을 바꾸는 방향으로 관리하면 일하고 싶은 만큼 성과를 올릴 수 있다고 생각하고 지원을 아끼지 않고 있습니다.

반면 동기 부여나 역량 개발의 문제를 생활습관의 문제가 아니라 성인이 되면 걸리는 성인병이라 받아들이는 조직이 있습니다. 이들 조직에서는 일정 이상의 연령이 되면 동기 부여가 되지 않거나 역량 쇠퇴를 면하지 못할 것이라고 치부해 버립니다. 즉, '나이에 걸맞게'라는 명분으로 쉬운 업무를 나이 든 숙련자들에게 분배하고 점점 더 그들을 비주력화 합니다. 심지어 업무 평가가 나쁘게 나오면 '자기 책임'이라며 구조 조정이라는 카드를 내밀게 됩니다.

혹시 이직을 생각하거나 구직활동 중이라면 이런 이야기가 화만 돋우는 채용 시장의 이야기라고 치부해 버리지 마십시오. **지원하는 회사에서 50대, 60대 사원과 어떻게 조화를 이뤄나가는지 확인하시기 바랍니다. 이는 기업의 사람에 대한 사고방식의 본질을 파악**할 수 있는 방법입니다.

습관이 바뀌면 새로운 길이 열린다

본론으로 돌아가 보겠습니다. 우리가 장기간에 걸쳐 더 나은 쪽으로 커리어를 만들기 위해서는 좋은 습관을 몸에 익힐 필요가 있습니다. 심리학자인 윌리엄 제임스는 이런 말을 했습니다.

'마음이 바뀌면 행동이 바뀐다. 행동이 바뀌면 습관이 바뀐다. 습관이 바뀌면 인격이 바뀐다. 인격이 바뀌면 운명이 바뀐다.'

커리어를 개척하기 위해서는 뼈를 깎는 노력이 요구되는 경우가 많이 있습니다. 그리고 이러한 노력과 열정, 재능을 가지고 세상을 살아가는 사람도 있습니다.

또 다른 관점에서 신의 은총을 입고 우연의 인연을 통해 인생이 바뀌는 사람도 많이 있습니다. **마치 매일 매일 양치질을 하는 것과 같은 평범한 일상의 행동이 커리어를 더욱 더 성장하게 하는 경우**입니다. 또한 신기한 것은 할 수 있는 것들을 하나하나 실천 해 나가다 보면 언젠가는 불가능하다고 생각했던 것이 이뤄지는 경우도 있습니다.

'하는 편이 나아', '이건 가능해'라고 생각만 하고, 하지 않는 것이 셀 수 없이 많지는 않으십니까? 그중에서 나의 심장을 뛰게 하는 것을 우선 시작해 보세요.

하나의 영역으로 범위를 좁히지 않고 커리어의 본질을 개선하기

일과 육아를 병행하면서
독립 영화 상영 행사를 개최

– 코다마 토모미(兒玉智美/39세) 씨

새로운 영역을 만들어 내는 네트워커 체질의 마인드셋

일 이외의 활동에는 관심이 없고, 관심이 있다 해도 바빠서 실행에 옮기지 못하는 사람이 많습니다. 하지만 그중에서 **왕성하게 활동 영역을 넓혀 가는 사람이 있습니다.** 어떻게 일 이외의 활동을 적극적으로 할 수 있는 것인지, 원동력의 비밀이 무엇인지 파헤쳐 보겠습니다.

메이저급의 부동산 회사 데베롯빠의 경영기획부에서 근무하는 코다마 토모미(兒玉智美) 씨는 세 살 된 아이의 엄마입니다. 일 이외의 활동으로 영화 배급 회사와 계약을 맺어 독립영화를 상영하고 있습니다. 상영하는 영화는 자신이 먼저 감상하며, 세상에 널리 알리고 싶은 영화를 선정합니다.

명확한 목표를 가지고 열정 넘치는 활동을 하는 코다마 씨이지만 의외로 다음과 같은 이야기를 하고 있습니다.

"뚜렷한 인생의 목표는 생각해 본 적도 없고 항상 몸부림치며 방황하는 삶의 연속입니다."

예전에는 이 정도로 활동적이지는 않았다고 하는 그녀의 마인드셋

이 어떻게 형성되어 온 것인지 되짚어 보기로 하겠습니다.

'타인에게 도움이 되고 싶다'라는 막연한 생각과 한정된 선택지 안에서 갈등

코타마 씨는 취직 빙하기에 커리어가 시작되었습니다. '타인에게 도움이 되고 싶다'는 막연한 생각을 하고 있었지만 한정된 선택지 안에서 합격 가능성이 높은 회사에 취직하는 것이 최선이라고 생각했습니다. 겨우 입사한 요식업 회사에서는 타인에게 도움이 되고 싶다는 생각과는 정반대로 과로로 심신이 피폐해져 얼마 안 되어 그만두었습니다.

이직한 부동산 회사에서는 사무직으로 고객 관리 업무를 담당하였습니다. 하지만 여기에서도 매일 매일 눈코 뜰 새 없이 바쁘게 돌아가는 사무 업무로 '타인에게 도움이 되고 싶다'는 가치관은 실천하지 못한 채 고민만 하고 있었습니다.

"주로 업무는 고객에게 부동산 매물을 인도할 때까지의 서류 작업이에요. 정해진 일을 진행하는 과정에서 고객에게 추가로 서비스해 주고 싶은 것들이 있어도 업무 영역을 넘어설 수 없는 딜레마가 있었어요. 때마침 우연히 한 사회 사업가의 저서를 읽게 되었어요. 이 책을 읽고 나서 사회에 공헌하고 싶은 열정적인 마음과 실천하는 행동력을 동경하게 되었어요. 그러나 동경만 할 뿐 저에게는 아무런 능력도 없었고, 더욱이 차분히 성과를 만들어 내겠다는 인내심도 없었어요. **내가 하고 있는 일이 세상에 도움이 되는 일인지 확신을 얻지 못하고 마음만 조급해질 뿐이었지요.**"

'나에게는 분명 더 잘할 수 있는 일이 반드시 있을 거야' 이렇게 생각하면서 답을 찾지 못한 채 고민만 하다가 코다마 씨는 결국 4년의 근무를 마지막으로 직장을 그만두었습니다.

자원봉사 참여가 계기가 되어 커리어 체질이 개선됨

부동산 회사를 퇴사한 후에도 코다마 씨는 앞으로의 커리어에 대해 어떻게 해야 할지 갈피를 잡지 못하고 여전히 고민만 하고 있었습니다. 명확한 목표를 설정하지 못하고 생계유지를 위해 기간제 파견 사원으로 사무 업무를 하면서 이직 활동도 병행하고 있었습니다. 그런 생활을 1년 정도 하던 어느 날, **예전부터 흥미가 있었던 지역 자원봉사 활동에 참여하기로 마음을 먹었습니다.** 책에서 읽은 사회기업가에 대한 동경과 자신이 나고 자란 지역에 공헌하고 싶은 생각이 계기가 되었습니다.

실제로 참여해 보니 지금까지 회사원으로서 일하고 있을 때보다도 **직접적으로 타인에게 도움이 되고 있음을 실감**할 수 있었습니다. 이런 이유로 계속 자원봉사 활동에 참여하였습니다. 여러 행사에 참여하고 다양한 사람과 사귀면서 점점 주변의 단체로부터 제안을 받는 일이 많아졌습니다. 그중에서 정부와 함께 예술을 접목한 마을 만들기 사업을 추진하고 있는 NPO를 만나게 되었습니다.

사실 코다마 씨는 예전부터 예술 분야에 관심을 가지고 미술대학을 목표로 했던 시기도 있었습니다. 여기에서 코다마 씨의 내면에는 **지역·마을 만들기, 사회 공헌, 예술이라고 하는 세 가지의 흥미와 관심 요소가 정확히 맞아떨어진 것입니다.**

NPO에 참여할 수 있다는 것만으로도 열정을 경험한 코다마 씨는.

수입에 대한 불안이 있었지만 일반 기업으로 이직 활동을 그만두고 NPO 활동에 더욱 매료되어 갔습니다.

"가벼운 마음으로 시작한 자원봉사 활동이 저를 이토록 열정적으로 만들 거라고는 처음에는 생각지도 못했어요. 특별한 목적도 없이 흥미만으로 시작했기 때문이에요. NPO에서는 지금까지 경험했던 광고 홍보와 자원봉사자들의 코디네이터 업무를 담당했어요. 일반적인 회사처럼 조직이 수직적으로 나누어져 있지 않고 모든 것이 자유로웠어요. 반면, 참고할 만한 자료도 없고 누군가에게 배울 수 있는 조직 체계가 갖추어져 있지 않아 정말로 고생을 많이 했지요.

예를 들면 광고 홍보지 제작 업무에서는 기획, 취재처의 선정, 취재 및 집필, 디자이너와의 조정 등등 처음 하는 업무뿐이었지만 실제로 경험해 보니 힘든 일이기는 해도 저에게 잘 맞는다고 생각했어요. 또한 역할이나 소속과 상관없이 행사나 일을 통해 다양한 사람과 연결되다 보니 새로운 아이디어나 기획이 떠올랐구요. 이는 **한 곳에 머물러 있지 않고 경계를 넘나들면서, 다양하게 나를 표현하는 것과 비슷한 느낌이었어요."**

명확한 목표를 세우지 않고 자원봉사의 영역에 발을 들여놓았을 때부터 새로운 네트워크가 생겨나고 자신의 진정한 모습이 자연스럽게 드러나게 된 코다마 씨는 이렇게 말하고 있습니다.

"주변 분들로부터도 '형식에 얽매이지 않은 점이 코다마 씨답네요'라는 말을 듣기도 합니다. 활동 범위가 넓어진 것만으로도 타인에게 도움을 줄 수 있다고 생각합니다. 평소에는 어떻게 해야 할지 목표를 먼저 세우고 시작해야 한다고 생각했어요. 하지만 기회와 동경만으로 무작정 뛰어들었고, 어느 순간 제 안에 있는 다양한 가능성의 문이 열리는 듯한 느낌이 들었어요."

이 경험을 통해 코다마 씨는 네트워커 체질로 성장해 갔습니다. 혼자 생각하기 전에 **우선 다양한 사람들과 이야기하면서 시야가 넓어지는 것을 체득**한 코다마 씨는 다른 NPO 행사에도 참가하는 등 활동 범위를 더욱 넓혀 나갔습니다.

예측하기 힘든 상황에서 유연 마인드셋을 유지하기

NPO에서 활동하기 시작한 지 2년 후, 코다마 씨에게 예측하기 힘든 사건이 발생했습니다. 아버님께서 교통사고로 중상을 당하셔서, 장기 재택병간호가 필요하였습니다. 아버님의 병간호, 사고 해결에 걸리는 재판이나 아버님 회사와의 협의 등에 많은 시간이 걸렸습니다. 이 때문에 가족의 수입이나 일상생활도 불안정하게 되었고, 더 안정적인 직장으로 옮겨서 일하는 것이 현실적이지 않을까 하는 생각도 들었습니다.

보람을 주는 일이었기에 적당히 시간을 보내는 식이 아니라 진심을 다해 일해 온 코다마 씨였지만, 아버님께서 사고를 당한 지 1년 정도 지났을 때, 주변 사람들과 상의한 결과 방향 전환을 하기로 결심하였습니다.

"본래는 NPO에서 더 열심히 일하는 편이 제가 나아가야 할 길이었는지도 모르겠어요. 그러나 가정의 현재 상황과 양립이 어려워지고, 이 상태로는 이전처럼 활기차게 일을 할 수 없을 것으로 판단했어요. **지금은 나의 상황에 맞춰서 일하는 환경을 선택하는 것이 필요**하다고 생각했어요. 그러던 중 우연히 광고 홍보직을 모집하고 있던 지금의 회사로 이직에 성공했지요. 지금까지와는 다른 큰 조직에서 내가 생각한 대로 해 나가는 것이 가능할지, 기업 문화에 맞을지 솔직히 불안하기도 했습니다. 하지만 큰 조직이라면 제가 관련된 일들이 실제로 사회에 미치는 영향 또한 클 것이라고 긍정적으로 생각했어요."

코다마 씨는 예측할 수 없는 상황에 진지하게 대응함으로써 큰 방향 전환을 하였습니다. 마인드셋을 유연하게 유지함으로써 **지금의 소속이나 일에 너무 얽매이지 않고 앞으로 나아갈 방향에 대해 새롭게 의미를 부여**할 수 있었습니다.

진화된 마인드셋으로 네트워커 체질이 강화됨

대기업의 광고 홍보 업무를 시작한 코다마 씨는 당분간은 주어진 업무에 전념했습니다. 예전처럼 소속을 넘나들며 하는 활동도 줄었습니다.

이런 코다마 씨가 재차 활동의 폭을 넓혀 나가려고 생각하게 된 계기는 아이의 탄생이었습니다. 아이가 살아갈 미래 사회에 대해 진지하게 생각하게 되었다고 합니다.

"저의 아이가 살아갈 미래를 상상해 보면서 지금의 사회로 정말 문제가 없을까 하고 생각해 봤어요. 사고로 장애를 입으신 아버지가 불편하게 생활할 수밖에 없는 모습을 보면서 일본은 소수의 약자들이 살아가기 힘든 세상임을 실감했지요. 제 아이가 어떤 상황에서도 많은 선택지를 가지고 살아갈 수 있는 사회를 남겨주고 싶다는 마음이 간절했어요. 어떻게 보면 다른 사람들에게 도움을 준다기보다는 나를 위해서 그렇게 생각한 것이죠."

지금의 삶의 방식에 만족할 것인지 초조해하던 코다마 씨에게 이러한 깨달음은 인생을 비추는 한 줄기 빛처럼 다가왔습니다. **직접적인 자기 자신의 경험으로부터 솟아오르는 인생의 목적을 강하게 의식하**게 되었습니다.

"이렇게 생각하고 있던 때에 우연히 친구에게 어떤 영화를 추천받았어요. 일본의 현실을 반영한 소수 약자들의 삶을 주제로 한 다큐멘터리 영화였지요. 영화를 다 보고 나서 이 영화를 더 많은 사람에게 알려야겠다고 생각했어요. 그리고 일본 사회가 당면한 소수 약자들의 문제에 대해 생각하는 시간을 만들어 주는 것이 가능할지도 모르겠다고 생각했지요."

영화업계와는 어떠한 연결고리도 없었던 코다마 씨였지만 팸플릿에 기재된 안내에 따라 독립영화 상영회 개최를 신청하였습니다. 첫 상영회는 우선 친한 친구들을 모집하고 지역의 마을회관에서 상영하였습니다. 그 후 예상을 뛰어넘는 호응에 힘입어 입소문을 타면서 취지에 공감한 대기업이나 대학 등과 협력하는 일이 많아지게 되었습니다. 참가자 1,000명을 목표로 추진한 활동이 개시 10개월 만에 이미 779명이 되었고, 목표 달성이 눈앞에 다가왔습니다.

우연한 기회에서 영감을 얻어 실천한 것을 계기로 코다마 씨의 네트워커 체질은 강화되었습니다. 새롭게 활동하기 시작한 코다마 씨는 향후 어떤 것을 목표로 하고 있을까요?

"아이들이 어떠한 환경에서도 다양한 선택지를 가진 사회를 물려 주고 싶다는 열정만으로 시작한 행동들이 사회운동가라는 목표의 방향성을 확인하는 계기가 되었어요. 하지만 이것이 구체적인 나의 모습과 어떻게 연결될지에 대한 믿음은 아직도 탐색 중이에요. 이번에 기세를 몰아 개최한 상영회에서 기대 이상의 많은 분들이 동참해 주시고 함께하자는 제안도 주셨어요. 제 안에 새로운 세계가 생겨났고 일이나 가정에서는 느낄 수 없는 전율을 느낄 수 있었지요. 그래서 앞으로도 활동의 폭을 넓혀 실천해 나갈 계획입니다."

"업무적으로도 회사에 적극적으로 제안하여 제가 추진하고 싶은 '기업의 지속 가능 경영'에 참여할 수 있게 되었어요. 앞으로는 지역 동호회에도 참여하고, 자녀를 둔 부모님들과도 동호회를 만들어 보고 싶어요. **하나의 장소에 얽매이지 않고 다양하게 저를 표현할 수 있는 장을 만들어 보려고 해요.** 이를 계기로 제가 꿈꾸는 그러한 사회가 되면 좋겠다고 생각합니다. 선택지를 많이 만든다는 의미는 여기에 있다고 생각합니다."

선택지를 많이 만들어 가는 삶이 개인의 성장과 연결된다고 실감한 코다마 씨이기 때문에, 주위에서 왕성하게 활동 영역을 확장해 나가는 그녀에게 응원을 아끼지 않는지도 모르겠습니다.

제4장

목표를 많이 만들기

01

'가능할 것 같은 것'은
목표가 아니다

다음 단계는 목적을 구체화하는 목표 설정입니다. 여기에서 주의할 점은 '가능할 것 같은 목표는 세우지 않는다'입니다. 이렇게 하면 할 수 있는 것의 양이 늘어나는 것도 줄일 수 있고 네트워크 범위의 폭도 좁힐 수 있습니다. 뷰카(VUCA) 시대의 커리어에서 목표는 달성하기 위한 것이 아니라 다음의 두 가지 의미를 위해 존재합니다.

의미1. 목표를 향해 도전하는 것으로 새로운 네트워크와 스킬을 습관화한다.

의미2. 그 목표에 따라서 열정적인 내면의 파워 지수를 높여 나간다.

의미1은, 다시 말해 체질 개선을 촉진하기 위해서 목표가 존재한다는 것입니다. 의미2는, 의미1보다도 더욱 중요한 것입니다만 이러한 목표를 말로 구체화하는 것만으로도 행복해지고 나를 열정적으로 만드는 것 중의 하나라 할 수 있습니다.

이렇게 설명하면 '목표란 '꿈'과 같은 것입니까?'라는 질문을 받기도 합니다. 확실히 사람에 따라서는 '꿈'의 이미지에 가까울지도 모르겠습니다. '꿈에 날짜를 부여하면 목표로 바뀝니다'라는 말이 있습니다. 이렇게 생각하면 '꿈'으로 그냥 놔두지 않고 날짜를 정해 그 꿈을 향해 어떻게든 행동하는 것을 일컬어 '목표(≒ 꿈)'라고 정의할 수 있습니다.

한편, '꿈'이라는 말은 사람에 따라 해석이 다양합니다. 뷰카(VUCA) 시대의 커리어 측면에서 '꿈'에 대해 더 심도 있게 살펴보기로 하겠습니다.

'꿈 같은 것'을 위해 현실적으로 행동하기

다시 한번 꿈이 무엇이냐고 묻는다면 뭐라고 하시겠습니까? 올림픽에 나간다거나, 해외 휴양지에서 느긋하게 여유를 즐기며 살고 싶다거나, 세계 평화라든가….

관점과 원하는 수준은 다양하지만 뷰카(VUCA) 시대의 커리어에서 목표(≒ 꿈)의 정의는 **'가장 좋아하는 것, 하고 싶은 것, 어려워서 지금은 할 수 없는 것, 그리고 심장을 뛰게 하는 것'**입니다. 그리고 꿈을 꿈이라고 표현하지 않고 목표라고 단정하는 것으로 행동의 원동력이 만들어진다고 생각하고 있습니다.

제가 이러한 정의를 내릴 수 있는 것은 북해도 중부에 위치한 아카비라시(赤平市)에서 안전하게 저비용으로 '카무이로켓'의 개발에 몰두하고 있는 우에마쓰(植松)전기의 우에마쓰 쓰토무 사장의 이야기를 들은 것이 계기가 되었습니다. 우에마쓰전기는 소규모의 마을 공장으로 북해도대학과 산학 협력으로 우주 개발에 열중하고 있는 회사입니다. 우에마쓰 사장은 블로그나 서적, 강연 등을 통해 활발하게 활동하고 있는 분이라 어떠한 방법으로든 강연을 접해 보시기 바랍니다. 저도 기획에 참여하고 있는 다른 산업의 교류 연구 프로그램에서 강연을 들은 적이 있습니다만 들을 때마다 압도당하곤 합니다.

우에마쓰 사장은 초등학교 시절 꿈을 발표하는 자리에서 '**우주와 관련된 일을 하고 싶습니다.**'라고 하자 선생님이 '그런 꿈같은 이야기를 해서 뭘 어떻게 하겠다는 거야?'라고 말씀하셨다고 합니다.

웃지 못할 이야기지만 사실은 커다란 진리를 포함하고 있습니다. 할 수 있고 없고의 문제를 제쳐두고 우선은 꿈을 상상합니다. 하지만 중요한 것은 '꿈같은 이야기를 말하고 있네'로 무시해 버리는 것이 아니라 현실적으로 가능한 것부터 행동하는 것입니다. 행동함으로써 인생을 개척하는 힘과 네트워크를 얻을 수 있습니다.

꿈의 실현을 위해 현실을 고려해서 행동하는 것이 당연한 일이지만 한편으로는 꿈이 현실적일 필요는 없습니다. 우에마쓰 사장의 일화는 이 점을 가르쳐 주고 있습니다.

또한 우에마쓰 사장은 '고급차를 타고 싶다', '해외의 고급 휴양지에 가고 싶다'와 같은 희망은 내가 만든 것이 아니기 때문에 꿈이라 할 수 없고 누군가가 제공하는 서비스에 지나지 않는다고 말하고 있습니다. **다른 사람이 제공하는 서비스를 꿈이라고 착각하면 꿈을 이루기 위해 점점 더 돈이 필요해지고 심각한 문제로 발전할 수도 있기 때문입니다.**

이 책에서 생각하고 있는 목표(≒ 꿈)도 돈을 써서 누군가가 제공하는 서비스를 구입하는 것이 아닙니다. '가장 좋아하는 것, 하고 싶은 것, 어려워서 지금은 할 수 없는 것, 그리고 심장을 뛰게 하는 것'입니다. 하기 힘든 일을 향해 도전해 가는 것이 무엇보다 중요합니다.

02
심장을 뛰게 하는 '목표'
다섯 개를 생각하기

여러분은 나의 심장을 뛰게 하는 목표 다섯 개를 말할 수 있습니까?

가장 좋아하는 것, 하고 싶은 것, 어려워서 지금은 불가능한 것, 그리고 다른 사람이 제공하는 서비스가 아닌 것입니다.

정확히 15년 전만 해도 저는 요식업체의 평사원이었습니다. 당시의 목표는, 1) 경영자가 되고 싶다, 2) 누군가를 가르치고 싶다(선생님의 일도 해 보고 싶다), 3) 책을 출판하고 싶다, 4) 스포츠 경기와 관련 있는 일을 하고 싶다, 5) 두 개의 거점 생활을 하고 싶다. 이렇게 다섯 개였다고 기억됩니다.

경영자라는 목표는 회사를 경영하셨던 할아버지, 아버지의 영향을 받아 작은 조직이라도 경영을 해 보고 싶다고 생각했기 때문입니다. 선생님이 되고 싶었던 것은 당초 교원을 목표로 하고 있었기 때문이고, 4) 스포츠 경기와 관련된 일을 하고 싶다는 것도 학창 시절에 전국대회 출전권을 놓친 적이 있어서, 지도자로 대리 만족이라도 하고 싶다는 간절함이었습니다. 3) 책 출판은 보도 작가를 동경하고 있었고, 언젠가는 책을 쓰고 싶다고 생각했습니다. 5) 두 개 거점 생활은 지방에서 자랐던 경험으로 도회적인 생활에 싫증 난 것이 원인이기도 합니다.

목표 달성을 지향하지 않는다고 하면서 저는 운 좋게 1), 2), 3)의 세 가지 목표를 달성할 수 있었습니다. 그렇다고 각고의 노력을 기울인 적도 없습니다. 이따금 졸음과 씨름을 한 적은 있습니다만, 모두 다 좋아하고, 하고 싶었던 일이었기에 하루하루가 즐겁고 열정적인 순간뿐이었습니다. 물론 순간순간 고통스러운 적도 많이 있었습니만 **목표(≒ 꿈)를 이루기 위해 저 스스로 선택한 일이라는 생각**이 극복할 수 있는 원동력이었습니다.

더욱이 이러한 일들을 목표로 삼고 노력하는 과정에서 의사소통 능력과 어려운 내용도 알기 쉽게 풀어서 전달하는 역량 또한 단련되었다고 나름대로 평가하고 있습니다.

여기서 다섯 개라는 숫자의 특별한 의미는 없지만 **가능하면 목표가 많은 편이 좋겠다는 의미의 숫자에 불과**합니다. 이왕이면 '목표(≒ 꿈)'가 많은 편이 행동의 선택지도 늘어나고, 목표로 만드는 과정에서 네트워크도 넓어지고 역량도 키울 수 있습니다. 그리고 내가 가장 좋아하는 것을 중심으로 목표를 어떻게 조합하느냐에 따라 나다움이 완성되어 갑니다.

역으로 세상의 니즈나 조직의 니즈에 맞춰 목표를 생각하면 주변인들과 같은 수준의 네트워크와 능력밖에 키울 수 없습니다. 이러한 방식에 따르게 되면 세상에 단 하나뿐인 인재는 되기 어려울 것입니다. 지금까지 세상에 단 하나뿐인 인재라든지 전략적인 커리어 구축과 관련해서는 이야기하지 않았습니다. 다만, **궁극적인 차별화, 세상에 단 하나뿐인 인재가 되는 방법은 나다운 모습으로 존재하는 것**입니다.

커리어의 목표는 '나 자신 되기'

'나답게'를 생각할 때 자주 떠오르는 시가 있습니다. '토마토와 멜론은 비교의 대상이 아니다. 토마토보다 멜론 쪽이 고급이 아니라 토마토도 멜론도 각각 자신의 삶을 충실히 살고 있다. 멜론이 되라고 강요당한다면 화를 낼 토마토도 많다'라는 내용입니다.

토마토는 토마토답게 존재할 것. 멜론을 사회의 잣대로 생각해 볼 때 성공한 사람으로 비유하면 어떨까요?

커리어의 궁극적인 목표는 진정한 내가 되는 것입니다. 한계 돌파라고 하면 뭔가 대단한 사람이 되는 것을 연상할지도 모르겠습니다만, 진정한 내가 되는 것, **아직 발견하지 못한 진정한 나를 찾는 것이 커리어의 목표입니다.** 아기였을 때는 누구나 그 어떤 것도 신경 쓰지 않고 아이의 모습으로 있었습니다. 이러한 모습이 가족 관계, 사회 관계 속에서 나다움을 잃어버리고 내가 아닌 다른 잣대로 나를 평가하고 항상 뭔가 부족한 나에 대해 불만으로 가득 차 있는 사람들을 많이 보곤 합니다.

진정한 나다운 커리어 형성에 주목해야 합니다. 나만의 커리어를 만들어 가기 위해 그 어떠한 기준에도 현혹되지 않고 긍정적으로 인생을 설계할 필요가 있습니다.

03

'목표를 많이 만들기'
워크숍

다음으로 '목표를 많이 만들기' 워크숍입니다. (1)~(4)로 진행하기로 합니다.

(1) 커리어 목적(purpose)을 확인하기

(2) 키워드를 도출하기

(3) 발상을 확장해서 목표를 발견하기

(4) 목표의 자기 평가

(1)과 (2)는 목표를 발견하기 위한 준비운동이고, (3)에서 실제 목표를 발견하고, (4)에서 목표의 적합성을 검증해 나갑니다.

(1) 커리어 목적(purpose)을 확인하기

우선 중요한 것은 목적과 목표가 연결되어야 합니다. 목적에서 목표를 도출해 내는 것과 이번 장에서의 워크숍을 통해 도출된 목표에서 목적으로 진화해 가는 것을 모두 고려해서 생각해 보기로 합시다. 이번 워크숍을 통해 목적과 목표의 연결성을 강화할 것입니다.

제2장에서 생각한 '커리어 목적'을 적어 주십시오(잠정적인 것도 상관없습니다. 설정하지 못한 분들도 그대로 진행해 주십시오).

"나의 커리어 목적은 (   ) 존재로 있는 것입니다."

　커리어 목적이 명확하게 정해지지 않은 분들도 여전히 있으리라 생각합니다만, 상관없습니다. 그런 경우에는 목표를 생각하는 것으로 커리어 목적을 탐색해 보기도 하고, 목적을 발전시켜 나가는 것을 진행하면 됩니다. 심장을 뛰게 하는 목표는 목적을 탐색하는 실마리가 되고 목적을 발전시키는 기회가 되기도 합니다. 한편 목적이 명확한 분들은 목적에 맞춰 커리어를 만들어 가고 있는 나를 상상하는 것으로 목표가 보이기 시작할 것입니다. 이 워크숍을 통해 **목적과 목표의 연결고리를 인식하고 양쪽의 이미지를 확장**해 봅니다.

(2) 키워드를 도출하기

　목표는 앞으로 내가 하고 싶은 것을 결정하는 것이지만, 목표에 대한 실마리는 지금까지의 인생 안에 있습니다. 다음의 세 가지 관점에서 지금까지의 인생을 되돌아보면서 하고 싶은 것에 대한 키워드가 될 수 있는 것을 찾습니다.

　① 지금까지의 인생에서 생각했던 것이나 느꼈던 것을 회상해 봅니다. 다음의 관점에서 생각나는 것을 모두 적어 주십시오.
　　• 지금까지 가지고 있었던 꿈.
　　• 마음속에 남아 있는 단어, 풍경, 인물, 음악, 책, 영화 등.
　　• 마음을 움직였던 나의 뉴스(사회적 뉴스에서 주변의 것들까지).

② 작성한 내용을 보면서 하고 싶은 것으로 연결되는 키워드를 찾아 주십시오. 비용이나 실현 가능성 등은 생각하지 말고, 제약적 요소도 설정하지 말고 찾아 주십시오.

우선은 '지금까지 가지고 있었던 꿈'입니다. 꿈 자체가 목표가 될지도 모르겠습니다. 그리고 **그 꿈을 가지고 있었던 배경에는 반드시 이유가 있을 것**입니다.

예를 들면 학교 선생님이 되고 싶다는 꿈이 있다고 가정해 봅시다. 그렇다면 선생님이 되어서 무엇을 하고 싶었을까요? 상대방의 지식의 깊이를 더해 주는 것에 즐거움을 느끼거나 아이들에게 살아갈 힘을 길러 주고 싶다 등의 다양한 배경이 있을 것입니다. 곰곰이 생각해 보면 이러한 것들은 선생님이 되지 않아도 할 수 있는 일입니다. 이렇듯 꿈에 대한 배경을 생각하고 키워드를 도출하는 과정이 자연스럽게 새로운 목표로 연결됩니다.

다음은 '마음속에 남아 있는 것'입니다. 나도 모르게 순간적으로 떠오르는 말이나 잊어버릴 수 없는 장면 등은 없습니까? 저는 '자리이타(自利利他)'라는 말이 마음속에 남아 있습니다. 이 말을 처음 들었던 것은 중학생 시절이었습니다. 뉴스에서 잠깐 들었던 이 말이 마음속에 새겨지면서 결과적으로 저의 인생에서 중요한 키워드가 되었습니다.

기억에 남아 있다는 것은 나에게 어떠한 형태로든 의미가 있다는 것입니다. 여러분도 **기억에 남아 있는 것들을 많이 되새겨 보면서 그 속에 있는 의미**를 찾아보기 바랍니다.

마지막으로 '마음을 움직인 나의 뉴스'입니다. 사회적 뉴스든 내 주변의 뉴스든 **나를 자극하는 핵심, 마음을 움직인 핵심**이 있을 것입니다. 나는 코로나 위기로 막대한 부담을 강요당하고 이직을 선택한 간호사의 뉴스나 직장의 동료가 일에 대한 고민으로 낙담하고 있는 것들이 신경 쓰입니다. 전혀 다른 사건일 수 있습니다만 미래를 향해 나아가고 싶어도 앞으로 나아가지 못하는 사람들이 신경 쓰인다는 공통점이 있습니다. 나의 뉴스에서 신경 쓰이는 핵심을 말로 표현하면서 나타나는 키워드를 계속해서 찾아 주십시오.

(1), (2)의 예시 답변도 기재하겠습니다. 참고해 주십시오[도표 4-1].

어떠셨는지요? 어린 시절의 꿈을 소환해 보면서 그리워지기도 합니다만 옛날부터 변하지 않는 나를 발견하기도 하고 나도 몰랐던 나 자신을 깨닫게 되는 순간도 있지 않으셨는지요? 이것으로 목표를 발견하는 준비가 정비되었습니다.

다음은 목표(≒꿈)를 발견해 보겠습니다. 즐겁게 몰입해서 진행해 주시기 바랍니다.

[도표 4-1] '목표를 많이 만들기' 워크숍 예시

(1) 커리어 목적(purpose)을 확인하기

제2장에서 생각한 '커리어 목적'을 작성해 주세요(잠정적인 것도 상관 없습니다. 설정하지 못한 분들도 그대로 진행해 주십시오).

> 나의 커리어 목적은 '모두가 창의력을 발휘할 수 있는 환경을 구축하는 존재로 있는 것'입니다.

(2) 키워드를 도출하기

① 지금까지의 인생에서 생각했던 것이나 느꼈던 것을 회상해 봅니다. 다음의 관점에서 생각나는 것을 모두 적어 주십시오.

지금까지 가지고 있었던 꿈	마음에 남아 있는 단어, 풍경, 인물, 음악, 책, 영화 등	마음을 움직였던 나의 뉴스 (사회적 뉴스에서 주변의 것들까지)
• 학교 선생님 • 노벨상 수상(과학자) • 카메라맨 • 일러스트레이터 • 창업자 • 서적 출판 • 사회를 변화시키는 기술개발	• 빅뱅의 수수께끼 • 윈도95/ipad 발견의 충격 • '미래를 예측하는 최선의 방법은 그것을 발명하는 것이다'(앨런케이) • 드라마 '한지붕 아래'	• 이웃 아이의 유학 • 장시간 노동에 힘들어 하는 회사원의 다큐멘터리 • 코로나 위기로 괴로워하는 요식업계 • 노후에 필요한 저축액 • 직장 동료 간의 대립

② 작성한 내용을 보면서 하고 싶은 것으로 연결되는 키워드를 찾아 주십시오. 비용이나 실현 가능성 등은 생각하지 말고 제약적 요소들도 설정하지 말고 찾아 주십시오.

• 제약적 요소들을 설정하지 말고 하고 싶은 것의 키워드를 찾아봅니다.
시간적인 여유 만들기, 따뜻한 가족 만들기, 새로운 가치 만들기, 모두를 놀라게
하기, 고민을 기술로 해결하기, 선택의 자유를 만들어 내기, 구조 만들기, 즐기
기, 도전하기, 드러내기, 추상화해서 단순화하기, 알기 쉽게 전달하기, 발명하기,
이 순간을 기록으로 남기기, 연결성이 있는 회사를 만들기, 불합리한 사건 제거
하기, 불합리한 노동에서 해방, 미래를 상상하기, 살아있는 증거 남기기.

(3) 발상을 확장해서 목표를 발견하기

(2)에서 찾은 키워드를 조합하는 것으로 아이디어를 확장해 나갑니다.
작성한 키워드를 조합하면서 하고 싶은 것의 이미지를 확장해 나갑니
다(여기까지 찾은 키워드도 상관없고 새롭게 생각한 키워드가 있다면
그것을 작성해 주십시오). 그것을 곱해 보면 어떤 키워드들이 나오는
지요?

키워드 (A) × 키워드 (B) = 하고 싶은 것 = 목표

	×		=		=	
×	=	=
×	=	=
×	=	=
×	=	=

핵심은 연상 게임이라고 생각하고 즐기면서 몰입하는 것입니다. 단순
히 단어만 조합하는 것이 아니라 **단어에서 연상되는 것을 이미지화**하
면서 생각합니다. 여기에서 도움이 되는 것이 분해와 추상의 사고법입
니다.

분해해서 생각하기

워크숍에서 이 파트를 진행하면 '지금까지 가지고 있었던 꿈'으로 축구선수를 이야기하는 분들이 많이 있습니다. 그렇다면 축구의 어떤 점에 매료되었던 것일까요? 이유는 사람마다 다르고 거기에서 찾게 되는 키워드도 한 가지가 아닙니다. 예를 들면 사람들이 협력해서 하나의 목표를 향해 움직인다는 점을 즐거움이라고 생각한다면 '법칙을 생각하기', '균형을 맞추기', '보완해 나가기'라는 단어들이 키워드가 될 것입니다. 기술의 원리를 밝히는 즐거움이라고 한다면 '분석하기', '같은 것을 반복해서 계속하기', '토대 만들기' 등과 같은 것일지도 모릅니다.

이렇게 내가 좋아하게 된 점을 분석해서 생각하는 것으로 다양한 요소가 발견됩니다.

추상화하기

'마음을 움직인 나의 뉴스'에서는 괴롭힘 문제(이지메)가 자주 등장합니다. 이에 대한 예를 들면 마음의 문제나 인권, 학교 교육, 가정에서의 대화와 같은 측면을 생각한다거나 팀, 융화, 관용 등 이지메가 없는 사회가 가지고 있는 것을 생각하면 다양한 키워드를 발견할 수 있습니다. 이런 식으로 어떤 사상에 대해서 '대체 무슨 의미일까?'라는 발상에서 추상화하는 것도 연상 게임의 핵심입니다.

목표 설정의 샘플

키워드의 조합으로 하고 싶은 것들의 이미지를 확장한 참고 예가 [도표 4-2]입니다. 한 가지 예를 들어 설명하겠습니다.

따뜻한 가정 만들기(A) × 노후에 필요한 저축액(B) = 재무 설계를 축으로 한 행복한 가족을 위한 전반적인 지원

이것은 '지금까지 가지고 있었던 꿈'에서 카메라맨을 키워드로 말한 분이 왜 카메라맨을 말한 것인지 분석해서 생각한 결과 '가족사진이 좋다' → '가족의 행복한 표정을 찍을 때 심장이 뛴다'에서 A의 키워드 '따뜻한 가정 만들기'라는 연상 작용으로 이어진 것입니다.

B의 '노후에 필요한 저축액'은 '노후 1억 원 문제'의 보도에서 이끌린 것입니다. 가족이 행복한 삶을 영위하기 위해서 돈의 문제는 필수 불가결의 문제라고 생각하기 때문에 이 뉴스가 신경이 쓰였던 것을 깨달았습니다. A×B로 '행복한 가족 만들기 재무 설계사'로 목표를 설정한 것입니다. 그러나 재무 설계사라는 한정된 목표가 정확히 와 닿지 않을 것입니다. 여기에서 다시 한번 키워드로 돌아가 보면 꿈이었던 일러스트레이터를 추상화한 '간단하게 이미지화해서 전달하기'라는 키워드가 나왔습니다. 이 요소를 다시 한번 곱해서 재무 설계라는 조금은 알기 어려운 것을 간단하게 전달하는 '생애 전반 컨설턴트'라는 표현이 탄생한 것입니다.

사실 '생애 전반 컨설턴트'의 구체적인 내용은 이 시점에서는 아직 정해지지 않았습니다. 꿈을 확장해 나가는 과정에서 **생각의 여유 공간**이 되는 것입니다. 이 공간에 어떤 것들을 채워 나가면 될지 가슴이 벅차오르기까지 합니다.

자! 그럼 몇 개의 목표 후보군이 만들어졌는지요? 이번 단계는 즐기면서 진행하는 것이 핵심이기 때문에 어떻게든 여러분의 **상상력을 최대한 발휘해서 최소한 다섯 개**는 만들어 주십시오.

[도표 4-2] '목표를 많이 만들기' 워크숍 예시

(3) 발상을 확장해서 목표를 발견하기

작성한 키워드를 조합해 나가면서 하고 싶은 것의 이미지를 확장해 주십시오(여기까지 나온 키워드도 상관없고 새롭게 생각한 키워드가 있다면 그것을 작성해 주십시오). 그것을 곱해 보면 어떤 키워드들이 나오는지요?

키워드(A)	×	키워드(B)	=	하고 싶은 것 = 목표
불합리한 노동에서 해방	×	구조 만들기	=	업무 운용의 혁신가
따뜻한 가족 만들기	×	노후에 필요로 하는 저축액	=	재무 설계를 축으로 한 행복한 가족 생애 전반 컨설턴트
직장 동료 간의 대립	×	새로운 가치 만들기	=	대립을 가치로 변화시키는 사람
선택의 자유를 창출하기	×	표현하기 (일러스트레이터)	=	이해하기 어려운 것을 간단하게 전달하는 자료 작성의 전문가
코로나 위기에서 괴로워하는 요식 업계	×	미래를 상상하기	=	현장 연구를 통한 새로운 음식점의 존재 방식(미래) 전달자
노벨상 수상	×	책 출판하기	=	과학의 즐거움을 전달하는 유튜버

(4) 목표의 자기 평가

드디어 마지막 워크숍입니다. 목표에 부합하는지 확인해 나갑니다. 여기에서는 [도표 4-3]의 답변 예도 참고하면서 생각해 주십시오.

찾아낸 목표가 정말로 나의 목표와 부합하는지 검토합니다. 이 목표가 있는 것만으로도 내가 활기를 찾거나 마음이 편안해지는지, 그리고 행동으로 옮길 수 있는 것인지가 핵심입니다. 다음의 항목에 대해서 ◎／○／△／× 의 네 가지 형태로 평가해 봅니다.

평가한 후, 종합 평가로 목표에 대한 만족도를 평가해 주십시오.

※심장이 뛰는 정도(=열정도)는 어떤 것이든 하나라도 높은 것이 있는지 마음의 소리를 살피면서 진행하면 됩니다.

[평가 항목]

- 열정도(마음이 들뜬다, 마음이 편안해진다/힘이 솟아난다/사명감을 느낀다).
- 목표를 향한 행동이 떠오른다.
- 종합 평가(만족도)

목표가 나에게 적합한지 아닌지를 평가하는 최대의 핵심은 열정도입니다. ①에서 확인한 커리어 목적과도 비교해 가면서 진행해 주십시오.

열정도는 감정을 더 세부적으로 들여다보면 세 가지로 나눌 수 있습니다. 우선 **'마음이 들뜬다, 마음이 편안해진다'**는, 목표를 떠올리는 것만으로도 나도 모르게 미소 짓게 하는 느낌입니다. 다음에 **'힘이 솟아**

난다'는, 다시 말해 몸이 뜨거워지는 듯한 느낌이 있는지 점검합니다. 마지막으로 **'사명감을 느낀다'**는, 재미있을 것 같다거나 즐거울 것 같은 느낌보다는 내가 하지 않으면 누군가 할 것 같은 그런 마음이 솟아나는 것입니다.

이 세 가지 중 어느 것이든 강하게 느껴지는 게 있다면 '열정을 느끼고 있다'는 의미입니다. 여러분의 목표는 어떤 평가가 나왔는지요?

평가하는 핵심이 하나 더 있습니다. 그것은 **목표를 이루기 위한 행동이 떠오르는지의 여부**입니다. 행동이 이미지화되지 않는다면 행동을 시작할 방법이 없습니다. 행동할 방법이 없다면 결과적으로 현재 상태에서 아무것도 바뀌지 않기 때문에 목표가 될 수 없습니다. 여기까지 겨우 진행했는데 목표부터 다시 생각해야 한다면 저항이 생길 수도 있습니다. 하지만 이 부분에서 적당히 넘어가면 머지않아 처음으로 되돌아갈 수밖에 없습니다. 과감히 지금의 목표를 버리고 다시 한번 생각해 주십시오.

[도표 4-3] '목표를 많이 만들기' 워크숍 예시

(4) 목표의 자기 평가

찾아낸 목표가 실제로 나의 목표와 부합하는지 검토합니다. 이 목표가 있는 것만으로도 내가 활기를 찾거나 마음이 편안해지는지, 그리고 행동으로 옮길 수 있는 것인지가 핵심입니다. 다음의 항목에 대해서 ◎ /○/△/×의 네 가지 형태로 평가해 주십시오.

평가한 후, 종합 평가로 목표에 대한 만족도를 평가해 주십시오.

※ 열정도는 어떤 것이든 하나라도 높은 것이 있는지 마음의 소리를 살피면서 진행하면 됩니다.

	목표	열정도			목표에 대한 행동이 떠오른다.	종합 평가 (만족도)
		마음이 들뜬다. 온화해진다.	힘이 넘쳐 흐른다.	사명감을 느낀다.		
①	업무 운용의 혁신가	◎	◎	△	◎	◎
②	재무 설계를 축으로 한 행복한 가족 생애 전반 컨설턴트	◎	◎	△	○	◎
③	대립을 가치로 변화시키는 사람	△	△	×	×	×
④	이해하기 어려운 것을 간단하게 전달하는 자료 작성의 전문가	◎	◎	◎	◎	◎
⑤	현장 연구를 통한 새로운 음식점(미래)의 존재 방식 전달자	○	○	○	○	○
⑥	과학의 즐거움을 전달하는 유튜버	◎	○	○	◎	◎

자! 가슴 뛰게 하는 열정적인 목표는 설정되었습니까? 목표는 절대로 간단하게 만들어지지 않는 법입니다. 그런데도 목표를 많이 만들었습니다. 이렇게 간단하지도 않은 목표를 많이 만든 것이 바로 중요한 핵심입니다. 그 이유는 실현을 위해 행동으로 옮길 때 다양한 사람들의 힘이 필요하기 때문입니다.

제3장에서 네트워커 체질을 강화하는 방법을 설명하였습니다. 이제 목표를 많이 만들거나 다양한 사람들의 힘을 빌리면서 진행하면 더욱 네트워커 체질이 강화됩니다. 이렇게 하다 보면 다른 사람으로부터 자극을 받아서 하고 싶은 것들이 새롭게 생겨나기도 하고 목적이 발전해 가기도 합니다.

여기에서 설정한 목표는 목적(Goal)이 아닙니다. 목표의 달걀인 것입니다. 다시 말해 **목표를 실현할 수 있을지 없을지는 큰 문제가 아닙니다.** 그것보다도 목표를 향해 주저 없이 실행하는 과정이 중요합니다. **이 과정이 바로 커리어를 개척하는 것과 연결**됩니다.

나의 내면에 한계를 설정하지 말고 발상을 확산하면서 즐겁게 목표를 실행해 나갑니다.

04

커리어의 회복 탄력성과
혁신

뷰카(VUCA) 시대의 커리어에서 요구되는 대표적인 키워드로 회복 탄력성(Resilience)과 혁신(Innovation)을 들 수 있습니다. 다양한 변화가 동시다발적으로 일어나는 현대 사회에서는 실패하지 않기 위해 커리어를 디자인하고 행동하는 것이 아니라 **실패를 전제로 하는 회복, 복원의 힘이 중요**합니다. 또한 사회나 기업 구조도 이것을 지지하고 응원하는 구조로 존재해야 합니다.

이러한 회복, 복원의 과정에서 원상으로 돌아가는 것뿐만 아니라 이 것을 기회로 **새로운 나로 재탄생하는 혁신**이 일어난다면 커리어는 더욱 발전하게 됩니다.

이미 많이 알려진 혁신으로 번역되는 이노베이션이란 말은 오스트리아의 경제학자인 슘페터가 『경제 발전의 이론』에서 발표한 개념으로 경제의 발전은 기업가(Entrepreneur)에 의한 신결합(Innovation)에 의해 추진된다는 주장입니다. 이노베이션이란 애당초 신결합, 새로운 연결, 기술의 결합에 의해 탄생 되었습니다.

이노베이션은 이후 본래의 의미에서 발전해 기술 혁신에 의한 새로운 부가가치나 사업 모델을 창조하는 것의 중요성을 나타내는 말로 많은 기업에서 사용하고 있습니다.

누구나 절묘한 결합으로 세상에 단 하나뿐인 특별한 존재 되기

사실은 커리어의 발전도 이노베이션(기술 혁신)에서 탄생한다고 생각하기 쉽습니다. 간단히 말하면, 능력이나 기술에 의해서 커리어를 개척할 수 있다고 생각하는 방식입니다. 물론 이노베이션을 실현하기 위해서는 지탱할 수 있는 기술이 필요하듯이 커리어의 이노베이션이라고 할 수 있는 변화에서도 마찬가지로 지탱할 수 있는 기술이 필요합니다.

그러나 커리어를 더욱 발전시켜 나갈 수 있는 이노베이션은 기술만으로는 탄생할 수 없습니다. 연결, 결합이 필수입니다. 많은 목표를 세움과 동시에 이를 위해 동분서주하는 것은 효율적이지 않다고 생각할지도 모르겠습니다. 하지만 각각의 **목표들이 서로 연결되고 결합하면서 나만의 특성을 살린, 진정한 나다운 커리어로 변화**합니다.

지금부터 15년 전, 저는 요식업체의 평사원이었습니다. 특수 대학원을 다니게 된 인연으로 컨설팅 업무를 해볼 의사가 있는지 타진해왔습니다. 당시의 주무 부서였던 인사부를 찾아가 겸업의 형태로 진행해도 될지 문의하였지만 유감스럽게도 결과는 안 된다는 것이었습니다. 일하는 날이 일주일에 하루 정도의 프로젝트라 주말과 유급 휴가를 활용하면 충분히 가능할 거라고 생각했지만 당시는 겸업이라는 단어가 익숙하지 않은 시대였습니다. 당연한 결과였다고 생각합니다.

그 후, 요식업체를 퇴사하고 컨설팅 업무의 세계에 뛰어들었습니다.

몇 년 후, 이번에는 본가의 가업을 승계하라는 이야기를 들었습니다. 이번에는 내가 결정할 수 있는 상황이었기에 양쪽을 함께 진행하는 길을 택했습니다. 종업원 10여 명 정도의 작은 규모이기는 했지만 책임감은 막중하였습니다. '그런 안일한 생각으로는 잘 될 리 없을 텐데'라고 선배들로부터 따끔한 조언을 듣기도 하였습니다.

가업 승계를 위해 어쩔 수 없이 꿈을 버릴 수밖에 없었던 친구들을 많이 봐 왔기 때문에 일의 범위를 좁혀 들어가는 것이 아니라 **and의 발상으로 커리어를 더욱 확장하면서 주위 사람들의 롤 모델**이 되고 싶다는 욕망 하나로 지금까지 약 15년을 버텨왔습니다. 이러한 욕망은 다른 사람의 1.5배로 움직이지 않으면 안 되었기 때문에 이틀에 한 번 잠을 자는 방식으로 잠을 줄이다가 몸 상태가 나빠지기도 하였습니다. 지금은 웃으면서 이야기할 수 있지만 힘들었던 시절입니다.

그리고 현재의 저를 대표하는 커리어를 정리해 보면, 조직 개발 컨설턴트이면서 관리자급을 대상으로 한 연수 강사, 중소기업의 오너, 기업의 경영자, 특수 대학원 교수직의 비상근 강사, 소믈리에 자격을 가진 골프 마니아인 40대…. '나답다'라고 해야 할지, 나밖에 없지 않을까 하는 조합을 이뤄냈다고 자부하고 있습니다.

수많은 회사에서 부업(부수적인 일)이 금지되기도 했지만, 지금은 부업이 아니라 겸업이라고 불릴 만큼 같은 비중의 복수의 직업이 가능한 시대가 되었습니다. 뭔가 하나의 분야에서 최고가 되는 일은 쉽지 않습니다. 그러나 조합을 통한 절묘한 결합으로 세상에 단 하나뿐인 특별한 존재가 되는 것은 누구에게나 가능합니다.

여러분도 더욱 행동의 폭을 넓혀 다양한 것들을 조합해 나가면서 나의 커리어에 혁신을 일으켜 주십시오. 만약 지금, 근무하고 있는 조직에 겸업 제도가 없어도 과감히 상담을 요청하시기를 권유합니다. 수많은 회사가 어떻게 해야 할지 고민하는 시기이기 때문에 당신이 첫 번째 도전자로 선발될 가능성도 있습니다. **지금 일어나고 있는 변화를 나에게 유리한 쪽으로 혁신해 나가십시오.**

'주위의 기대에 부응하려는 나 자신'을 버림으로써
열정적인 목표가 생겨난다.

관리직에서 플레이어로 돌아가, 회사에 남는 길을 선택

— 난바 타케시(難波猛/47세) 씨

직장에서 출세를 지향하던 인생과 정면으로 마주하고

내 삶의 방식을 재구성함

'달성하고 싶은 지금의 목표가 정말로 당신이 원하는 목표입니까?' 라는 질문을 받는다면 여러분은 무엇이라고 답하시겠습니까?

종합 인적 자원 서비스 회사의 컨설팅 부서에서 시니어 컨설턴트로 서 활약하고 있는 난바 타케시 씨(47세)는 이 물음에 진지하게 대답을 찾으려 노력했던 사람 중 한 명입니다. 3년 전에 영업부장직에서 스스로 물러나고 소속을 바꿔 프리랜서로 근무할 것을 결심하였습니다. 그 결과, '지금은 저의 분신이 필요할 만큼 하고 싶은 일이 많이 생겼어요' 라고 만족스러운 웃음을 지으며 이야기합니다.

이러한 결심을 하게 된 난바 씨의 배경과 현재에 이르게 되는 과정을 알아보겠습니다. **자연스럽게 만들어진 목표가 심장을 뛰게 하는 인생의 기준이 된 좋은 예가 될 것입니다.**

목표를 인식함으로써 커리어를 더욱 발전시킨다

난바 씨는 대학 졸업 후, '세상 사람들에게 나의 언어로 영향력을 미치는 일을 하고 싶다'는 막연한 생각을 하고 출판사에 취직하였습니다. 그러나 입사 후에 배치된 부서는 희망했던 편집 업무가 아니라 영업직이었습니다. 3년간 근무하며 성과를 내기도 했습니다만 편집부로 이동하는 것이 어렵다는 것을 깨닫고, 목표 달성을 할 수 있는 새로운 영역을 찾아 이직하였습니다.

제일 먼저 이직한 곳은 구인 광고를 만드는 회사였습니다. 창의적인 감각이 요구되는 업무특성으로 자신이 생각한 말이나 문장이 광고에 실제로 게재되는 것을 경험하면서 일의 재미를 느끼게 되었습니다. 그후, 인적 자원을 찾고 있는 고객의 고민을 상담하면서 **채용, 배치, 육성의 과정을 통해 인생에 영향을 줄 수 있는 인사 업무에 흥미**를 느끼게 되어 자원해서 인사부로 이동하였습니다. 이곳에서 자신이 채용하고 신입사원 연수까지 시켰던 모 신입사원의 감사 인사를 받기도 하였습니다. 그 신입사원은 '제가 성장할 수 있었던 것은 난바 씨 덕분입니다'라며 눈물까지 글썽였습니다. 이것이 계기가 되어 인사 업무를 통해 사람들에게 영향력을 행사하는 업무에 점점 매력을 느끼게 되었습니다.

이 회사에서 7년간 재직하면서 인사 업무 경험을 쌓은 후, 현재의 재취업 지원 컨설팅 기업으로 이직하였습니다. 더 많은 회사와 사람들에게 선한 영향력을 펼치고 싶고, 자신의 지식, 스킬, 경험을 살린 커리어를 더욱 발전시켜야겠다고 결심하였습니다.

관리 업무가 내 일의 보람을 빼앗고 있다

'저의 적성에 잘 맞고, 흥미를 느끼는 일을 찾았어요.'

난바 씨는 재취업 지원 컨설팅 업무를 이렇게 표현하고 있습니다. 재취업 지원 컨설팅은 조기 퇴직이나 희망퇴직을 시행하는 기업의 컨설팅 및 지원 업무입니다. 직장생활을 하는 사람들의 인생과 회사의 미래에 도움이 되는 제안을 할 수 있다는 점이 난바 씨에게는 보람으로 이어졌다고 합니다.

순조롭게 성과를 올린 난바 씨는 7년 만에 영업부장으로 승진하였습니다. 직장에서 성과를 내고 출세하는 것이 당연한 시대적 흐름이었고, 난바 씨도 주위의 기대에 부응하기 위해 계속해서 노력하였습니다. 이 시점에서 난바 씨가 가장 중요하게 생각한 점은 **'주위의 기대에 부응하는 것'**이었습니다.

그러나 난바 씨가 **3년간 영업부장으로 근무하면서 느낀 것은 일에 대한 보람이 아니라 위화감**이었습니다.

"관리직의 업무는 부서 예산을 얼마나 잘 사용했는가가 업무의 전부라는 것을 깨닫고 나니 부하와 숫자만을 서로 확인하는 일을 반복할 뿐이었어요. 이전처럼 고객의 고민을 함께 해결하는 컨설턴트로서의 보람이나 즐거움을 느낄 수 없었지요."

결과를 내고 인정을 받는 것만이 현재 자신의 역할이었습니다. 일에 대한 즐거움을 추구하는 핵심이 이전과는 달랐습니다. 맡은 역할 안에서 성과를 내는 것이 자신의 임무이고, 관리직이 그러한 업무를 하는 직책이라고 난바 씨 스스로 인정해 버리고 있었습니다.

이러한 난바 씨가 인생을 다시 바라보는 계기가 되었던 것은 취미인

독서였습니다. 특히 역사서를 즐겨 읽었습니다. 어느 날 독서를 하다가 관리직으로 고뇌하고 있는 자신과 고향의 대표적인 위인인 요시다 쇼인(吉田松陰)의 삶의 방식이 대비되면서 문뜩 떠오른 생각들이 있었다고 합니다.

요시다 쇼인과의 차이점은 무엇일까? 요시다는 주위가 모두 불가능하다고 말하든 전혀 전망이 없다고 말하든 상관하지 않고 한번 결심하면 주위의 반발이나 손실을 감수하고 관철해 나간다는 점이었습니다. 이 점이 요시다와 나의 큰 차이점이라고 난바 씨는 깨닫게 되었습니다.

"저는 커리어 디자인 세미나에서 자주 '앞으로의 인생을 신중하게 고민해 나갑시다'라고 당당하게 말하곤 합니다. 하지만 실제로 저 **자신은 관리직에 맞지 않고 하고 싶지도 않으면서 이 사실과 맞서지 않고 외면**하고 있었던 거지요. 이대로 생을 마감한다면 얼마나 한심한 인생인가? 갑자기 이런 생각이 들었어요. 이 점이 쭉 뇌리에 남아서……. 그렇다면 하고 싶은 것을 하면서 후회 없는 삶이었다고 말할 수 있는 내가 되자는 각오가 마음 한편에서 꿈틀거렸어요."

지금까지 위화감을 느끼고 있었지만 나뿐만이 아닐 거고 틀림없이 모두 같은 고민을 하고 있을 거라고 생각하고 **지금까지 묵인해 온 문제와 처음으로 신중하게 마주하게 된** 순간이었습니다.

'회사에서 출세하기'의 세속적 목표를 버리다

난바 씨는 신중하게 고민한 결과, '세상 사람들에게 나의 언어로 영향력을 미치는 일을 하고 싶다'라는 원점으로 되돌아가 이것을 반드시 이루어 내겠다고 결심하였습니다. 취직할 당시만 해도 난바 씨에게 뭐 하나 명확한 것은 없었지만 이러한 신념이 커리어 목적이 된 것은 분명했습니다.

이를 위해서는 회사의 이익을 가장 중요하게 생각해야만 하는 부장의 직함에서 벗어나 회사에서의 출세라는 목표를 과감하게 버릴 수 있는 결단력이 필요하다고 판단하였습니다. 단지 지금 하고 있는 컨설턴트로서의 업무는 계속하고 싶었기 때문에 퇴직이나 이직이 아니라 실질적인 플레이어로서 회사의 이익에 부합할 수 있는 제안을 생각했습니다.

"직함이 없어지면 저의 위치가 사라지고, 직함이 없는 상황에서 회사에 제안한다는 것은 상당한 각오가 필요했어요. 한편으로는 스스로 **직함에서 벗어나는 편이 조직에서 요구하는 결과를 도출**할 수 있을 것 같다는 생각도 들었지요. 이러한 심정을 회사에 바로 전달하고 싶었지만, 그 과정은 간단하지 않았습니다. 결론을 얻어 내려면 어떻게든 성과를 낼 수 있다는 확신을 주지 않으면 안 되었지요. 당연히 급여는 깎이고 생활에도 영향을 미치기 때문에 가족의 이해도 필요했어요. 하지만 나의 인생인 만큼 내 스스로 결정하고 싶다는 간절함이 결단을 내리게 만들었어요."

이 당시 난바 씨의 내면에는 앞으로의 인생은 내가 주인이 되어야 한다는 염원이 강하게 용솟음쳤다고 회상합니다. 동시에 결과를 내지 못하면 선택의 여지 없이 그만둘 수밖에 없다는 압박감도 있었습니다.

직장 밖의 정보 수집을 시작하다

직장에서 출세하겠다는 목표를 버리고 다시 직장생활을 시작한 난바 씨였지만 '세상 사람들에게 나의 언어로 영향력을 미치는 일을 하고 싶다'라는 목적 이외에 어떤 것을 하면 좋을지 구체적인 구상이 떠오르지 않았습니다. 오로지 개인 역량으로 성과를 만들어 회사에 기여하겠다고 했으니 **나의 성장 또한 내 스스로 이뤄내지 않으면 안 된다**는 막연한 생각이 들었습니다.

그래서 난바 씨가 제일 먼저 시도한 것은 회사 밖의 정보 수집이었습니다. 약 3년 전의 일입니다만, 개인적으로 승부수를 던져야 했던 상황이라 직장 이외의 네트워크 활동이 너무 없다고 판단하고 업무 시작 전의 시간을 활용하여 다른 산업과의 교류를 위해 '조찬 모임'에 참여하였습니다. 우선 직장 밖의 정보를 수집하려는 생각과 순수한 호기심으로 참여한 모임이었지만 기대 이상의 자극을 받게 되었습니다.

"회사를 벗어나 지금까지와는 전혀 다른 새로운 사람들과 만나면서 다양한 삶의 방식과 가치관이 있다는 것을 새삼 깨닫게 되었어요. 또한 **들어오는 정보의 양과 질이 바뀌어 갔지요.** 실제로 이번 조찬 모임 때문에 지금까지 관심도 없었던 SNS를 서둘러 시작하게 되었고요."

난바 씨는 조찬 모임에 참가한 것을 계기로 SNS로 자신의 활동 영역을 넓혀 나가게 되었습니다. 우선은 **흥미 있는 분야 중에서 난이도가 낮고 바로 행동으로 옮길 수 있는 것들을 선택**하였습니다. 이는 새로운 세계를 개척하고 새로운 목표가 생겨나는 원동력으로 작용하였습니다.

관계의 확장이 목표 달성으로 이어지고 새로운 목표를 창출한다

난바 씨는 조찬 모임 참여를 통한 새로운 만남이 자신을 성장시키는 계기가 된다는 가설을 세웠습니다. 이번에는 기존의 모임만이 아니라 스스로 새로운 만남의 장을 확장해 나간다는 목표를 세웠습니다. 구체적으로는 **SNS에서 적극적으로 자신이 좋아하는 것, 취미, 느낀 것, 하고 싶은 것들을 왕성하게 올렸습니다.**

이번 장의 서두에서 언급한 두 가지 목표의 의미인 '목표를 향한 실천을 위해 새로운 네트워크와 기술을 체득하고, 이 목표로 열정과 마음의 파워를 높여 나간다'를 자연스럽게 실천할 수 있는 상태가 되었습니다.

이러한 흐름 속에서 '나의 책을 출판하고 싶다'는 구직활동 시절의 꿈을 소환하였습니다. 이 꿈도 저의 새로운 목표로 SNS에서 언급하였습니다. 그러자 SNS에서 친구로 맺어진 분들로부터 '지금, 마침 출판에 흥미 있는 분들을 찾고 있었는데 함께하시지 않겠습니까?'라고 생각지도 않았던 제안을 받기도 하였습니다.

결과적으로 단번에 이야기가 진행되어 오랫동안 묵혀 두고 있었던, 기업에서 저성과자(Low perfomer)로 불리는 사람들의 행동 변화에 관한 비즈니스 서적을 출판하게 되었습니다. 조찬 모임 참여에서 시작한 것이 생각지도 않게 1년도 안 되어 학창 시절부터 꿈꿔 왔던 일을 달성할 수 있게 되었던 것입니다.

이 경험을 통해 난바 씨는 자신의 내면에 잠자고 있던 **흥미·관심, 하고 싶은 것들을 제한 없이 언어화**해 보기로 하였습니다. 다음 목표는 유명한 대학 교수 및 저자들과 함께 기업에서 근무하는 직장인들에게 자신의 커리어를 고민해 보는 동기 부여 세미나를 개최하는 것이었습니다. SNS로 연결된 친구들에게 소개를 의뢰하거나 '이 사람이다'라고 생각되면 직접 접촉을 시도하기도 하였습니다.

난바 씨는 당시, '독서(취미)'와 '만나서 이야기하고 싶은 사람(흥미)'을 곱해 나가는 구조였다고 말합니다. 이러한 활동들이 커리어 목적인 '세상 사람들에게 나의 언어로 영향력을 미치고 싶은 일'로 연결되는 발신형의 세미나, 즉 하고 싶은 것(목표)을 창출해 냈다고 말할 수 있을지도 모르겠습니다.

"갑자기 접촉을 시도하는 것에 저항도 있었지만 실행해 나가면서 좋은 반응도 있었기 때문에 이 또한 도전이라고 생각합니다. 처음에는 취미가 맞는 친구를 사귀는 것부터 시작했는데 **일로도 연결되는 친구들을 많이 사귈 수 있었어요.** 이러한 친구들로부터 '함께 HR 업무나 개인의 커리어 관련 이벤트도 만들어 봅시다'라는 권유도 받게 되었지요. 지금은 교류를 통해 새롭게 하고 싶은 일과 목표가 자연스럽게 생겨나고 있어요. 과감히 도전했던 조찬 모임으로 시작한 활동이 지금의 저를 강력하게 지탱해 주는 원동력이 될 거라고는 생각지도 못했지요."

활동하면서 난바 씨는 회사와의 관계도 바뀌어 갔습니다.

"이상하게 **회사의 방침에 따라 근무하고 있던 시절보다 회사에 대한 몰입도(engagement)가 높아졌다고 생각해요.** 주위로부터 '자신의 네트워크로 일을 만드는 난바 씨야말로 회사의 간판에 의존하지 않는 사내 프리랜서 같은 존재네요'라는 이야기도 듣곤 합니다. 회사에 공헌할 수 있는 결과를 내지 못하면 하고 싶은 일을 할 수 없으니 저에게는 신선한 자극으로 다가왔어요."

지금까지는 개인이 조직의 성과에 기여하기 위해서는 자신을 성장시켜야 한다는 결론으로, 회사와 상사의 기대에 부응하기 위해 일하는 방식이었습니다. 하지만 지금은 **하고 싶은 일을 위해 회사와 상사를 끌어들이는 방식**으로 바뀌게 된 것입니다. 바꿔 말하면 난바 씨는 회사에 소속된 구성원이라는 조직의 의미나 의의 자체가 크게 변화했다고 말할 수 있습니다.

많은 목표가 충실한 인생을 만들어 나간다

마지막으로 난바 씨는 이런 말을 해 주었습니다.

"얼마 전 세 권의 책을 출판할 수 있었어요. 앞으로 하고 싶은 일은 아직도 많아요. 전혀 경험이 없는 미디어의 발신, 교단에 서는 것, 다이어트, 마라톤 완주… 등등. 하고 싶은 것이 너무 많아서 저의 분신을 만들고 싶은 심정이에요. 하지만 실제로 하고 싶은 것을 지속하기 위해서는 출세하는 것을 포기하거나 가족들과 단란하게 보내는 시간을 줄이는 등의 희생이 따르겠지요. 지금은 제가 열정을 발휘할 수 있는 것을 끝까지 해 나가면서 인생을 마감했을 때 '난바 씨는 이런 사람이었지'라고 사람들의 기억 속에 남아 있는 인생을 살아가고 싶어요."

조찬 모임에 3년간 참가한 난바 씨는 SNS의 친구 약 5,000명 확보, 서적 세 권 출판, 유명한 교수들과의 콜라보 세미나 7회, 라디오 및 유튜브 출연, 18kg의 체중 감량, 총 러닝 거리 1,500km 완주와 같은 일들을 현실로 이뤄냈습니다.

하고 싶은 한 가지 일이 새로운 친구와 네트워크로 연결되고 그것이 새롭게 모두가 함께하고 싶은 일로 확장되어 가는 것, 혼자서 하고 싶은 것을 생각하는 것보다는 주위와의 관계 속에서 하고 싶은 일들을 만들어 가는 것입니다. 이러한 사이클을 통해 창출해 낸 것이 기업의 컨설팅과 세미나라는 방식으로 이어졌고 난바 씨의 **업무 성과를 높이는 결과로 나타났다고 생각합니다.**

물론 이 결과는 난바 씨가 가지고 있던 강한 의지 · 높은 행동력 때문일 것입니다. 하지만 **주변에서 요구하는 것이 아니라 진정으로 하고 싶은 것, 심장을 뛰게 하는 일이 어떻게 강한 열정을 발휘하는 인생으로 바뀌어 가는지 잘 보여 주는 사례**라고도 할 수 있습니다.

서장에서 말했던 것과 같이 커리어만의 세계가 아니라 나의 'WILL · CAN · MUST'로 앞으로의 인생을 생각해 본다는 의미도 있습니다. 결과적으로 많은 사람들이 현재 상태에서 나만의 틀 안에서 목표를 설정해 나가기 쉽습니다.

그러나 앞으로의 시대는 설정된 목표 자체가 사라지는 시대입니다. 이러한 때 혼자만의 폐쇄된 의식 안에서 목표를 설정하는 것이 아니라 새로운 관계성을 바탕으로 자연스럽게 많은 목표를 창출해 나가는 열린 사고를 가지는 것이 중요합니다. 그리고 **자연스럽게 생성되는 목표가 인생을 즐겁게 만드는 기준**이 된다는 것을 난바 씨의 사례가 증명하고 있습니다.

제5장

커리어를 즐겁게
실험하기

01

놀이하듯 커리어 실험을 통해
나에 대한 이해의 깊이를 더해 가기

뷰카(VUCA) 시대 커리어의 마지막 단계는 커리어를 즐기면서 실험하기입니다.

일반적인 커리어 디자인으로 목표를 설정하면 목표 달성을 위한 과정을 설계하고 그다음은 달성을 위한 행동, 행동을 실행에 옮겨 나가는 방식이 됩니다. 뷰카(VUCA) 시대의 커리어에서도 행동은 너무나 중요하지만, 과정에서 발생하는 깨달음, 관점의 변화, 시야의 확장 등을 적극적으로 습득해 나가는 데 역점을 두겠다는 의미로 행동이 아니라 실험이라고 부릅니다.

목표 설정 시점에서는 당연히 행동의 이미지화를 우선으로 하기에 행동을 먼저 시작합니다. 그러나 이 시점에서는 **어디까지나 실험이라는 자세가 중요**합니다. 그리고 여기에서도 중요한 것이 '즐겁게'라는 키워드입니다.

커리어나 일을 바라보는 관점을 다시한번 성찰하게 하는 『일은 즐거울까?』라는 베스트셀러가 있습니다. 스토리 형식의 서적으로 이 책에서는 다음과 같은 흥미로운 키워드가 등장합니다.

- 시도해 보는 것에 실패는 없다.
- 내일은 오늘과 다른 내가 된다고 생각한다.
- 놀이하듯 다양하게 시도해 보고 진행되는 상황을 지켜본다.
- 당신이 '시도하는 것'에서 기쁨을 찾아내기를 바란다.

만약 우리들이 도전하는 것 자체를 부정적으로 받아들이고 있다면 그 이면에는 그 도전이 잘되지 않을 거라는 막연한 불안과 과거의 실패 경험이 트라우마로 작용했기 때문입니다. 또한 도전을 시도한다 하더라도 예전의 경험에서 그렇게 힘든 노력을 더는 하고 싶지 않다고 무의식 속에서 생각하고 있을지도 모릅니다. 그래서 도전이나 변화에 직면했을 때 나도 모르게 움츠러들게 됩니다.

그렇다고 겁먹을 필요도 없습니다. 일반적인 현상이니까요. 지금까지의 인생, 모든 것이 다 만족스럽다고 말하는 사람은 거의 없습니다.

그리고 **지금까지 끊임없이 노력해 온 사람일수록 그 어려움이나 불안이 이미 학습되었다는 증거입니다.**

그래서 우리가 시작하는 것은 커리어의 시도, 실험입니다. 실험에는 실험 결과가 있을 뿐입니다. 잘되는 것도 잘되지 않는 것도 실험 결과에 지나지 않습니다. 그리고 이 실험 결과를 알고 있는 나는 어제의 나보다 한 발 더 전진하게 됩니다.

반복적인 실험을 통해 깨닫게 되는 커리어의 경로

향후에 비즈니스맨들이 모이는 바(Bar)를 오픈하고 싶다고 생각한 사람이 일주일의 휴가를 받아 바에서 아르바이트 실험을 했다고 합시다. 바에서 카운터 너머로 다양한 사람들과 이야기하는 것이 천직이라고 생각할 수도 있지만, 실제로 실험해 보면서 야간 업무나 심야에 귀가하는 일상이 전혀 자신과 맞지 않다는 것을 깨닫게 되는 사례도 있습니다.

바를 개점한 후라면 실패 경험이 될지도 모르겠습니다만, 유급 휴가를 내서 아르바이트로 한 것이기에 안전을 담보한 실험에 지나지 않습니다. 이분은 이번의 실험에서 '**사람들과 이야기하는 일은 천직이지만 야간 업무는 나에게 맞지 않았다**'라는 새로운 나 자신을 알게 된 것입니다.

이러한 안전한 실험은 네 가지 단계를 통해 놀이하듯 시도해 볼 수 있습니다. 실험 과정을 통해 나에 대한 이해와 목적이 점점 더 깊어져 가고 다양한 시도가 즐거움으로 다가옵니다. 다양한 네트워크도 형성되어 커리어를 더욱 좋게 발전시켜 줄 동료도 많이 만나게 됩니다. 처음에는 혼자 탐색한 네트워크가 서서히 많은 사람이 조언해 주기도 하고 다음으로 이어지게 될 연결고리를 만들어 주기도 하면서 발전해 나갑니다.

그리고 실험을 반복해 가면서 점점 '나다운' 커리어의 경로가 명확하게 보이기 시작합니다.

각각의 단계가 상호 영향을 미치면서 한계 돌파로

여기까지 [1단계] 나의 커리어 목적(Purpose)을 육성하고, [2단계] 체질 개선을 위해 주력해 나가면서, [3단계] 많은 목표가 완성되었을 것으로 생각합니다. 이러한 **단계들은 하나하나 진행해 가면서 다른 단**

계에 영향을 주게 됩니다. 체질 개선으로 네트워크와 시야가 넓어지고 목적이 진화하기도 하고, 목표 설정을 할 때 발견한 새로운 관점에 의해 새로운 성장을 촉진하는 발전적인 행동이 발견되기도 합니다.

한계 돌파를 하기 위해서는 이러한 새로운 시점의 습득이 중요합니다. 한계란 어떤 의미에서 내가 가지고 있는 세계관, 구조의 틀이 만들어 낸 것입니다.

나의 커리어에 절망하거나 체념하고 있는 사람은 우선 너무 깊게 고민하는 것을 잠시 멈추고, 시점과 시야를 넓히는 것이 중요합니다. 내 안에 똘똘 뭉쳐진 틀을 파괴하는 '리프레이밍(reframing: 심리적인 테두리의 변환, 의견 또는 견해를 바꿈으로써 스트레스를 해소하고 행동 양식을 바꾸어 가는 일)'이라는 기법을 이용한 연수도 있습니다. 내면에서의 파괴도 필요하지만 **새로운 관점을 스스로 발견하고 점진적으로 바꿔 나가는 방향으로 리프레이밍을 하는 편**이 자연스러운 접근이라고 생각합니다.

[4단계]의 커리어 실험은 새로운 관점을 발견하고 내면의 틀을 바꿔 나가는데 효과적인 기법이라고 말할 수 있습니다.

02

커리어 실험 계획은
'안전'이 핵심

커리어 실험을 즐겁게 반복하기 위해서는 안전한 방법이어야 합니다. **큰 손실을 보지 않고 커리어의 가능성을 탐구해 나가는 것이 중요**합니다.

여기에서 참고할 것이 스탠퍼드 대학의 라이프 디자인 랩에서 제공하는 'Designing Your Life'라는 커리어 프로그램입니다. 스탠퍼드 대학에서는 D스쿨이라는 디자인 사고를 학습하는 프로그램이 있습니다. 디자인 사고란 디자이너들이 생각하는 사고방식을 비즈니스에 접목하여 혁신을 일으켜 가는 것으로 'Designing Your Life'도 디자인 사고의 과정을 활용하고 있습니다.

이 'Designing Your Life' 안에 '프로토타입 만들기' 단계가 있습니다. 프로토타입이란 디자이너가 만든 시제품으로, 다시 말해 커리어의 시제품 만들기를 하는 것입니다. 그리고 라이프 디자인 인터뷰와 프로토타입 체험이라는 큰 흐름의 두 가지 행동을 제시하고 있습니다.

라이프 디자인 인터뷰는 먼저 경험을 하고 있는 사람에게 나의 커리어에 대한 의문점을 인터뷰하는 방법이고, 프로토타입 체험은 내가 느끼고 있는 커리어의 의문점을 해소할 수 있는 체험을 실제로 해보는 것입니다(이 프로그램을 더 상세하게 알고 싶으신 분은 빌 버넷, 데이브 에반스의 『LIFE DESIGN~스탠퍼드식 최고 인생설계』를 참고해 주십시오).

결과 이상으로 '인터뷰+실험'으로 얻은 견해를 소중히 하기

이 책에서 소개한 실험 방법도 인터뷰와 체험입니다만 'Designing Your Life'의 제안과 다른 점이 있습니다. 그것은 우리가 제안하는 커리어 실험은 '체험'이 아니라 '실험'이라는 점입니다. 그리고 커리어의 본질이 결과가 아니라 과정의 성실함에 있다는 관점 측면에서 생각해도 실험을 통해 얻게 된 최종적인 결과물인 나다운 진정한 목표를 발견하는 것(=결과)은 중요합니다. 하지만 결과 이상으로 **성실하게 실험을 수행하는 과정에서 얻은 새로운 깨달음, 관점, 시야, 질문을 소중하게 다뤄 나간다는 것이 가장 큰 특징**입니다.

프로토타입이 뭔가 구체적인 가설의 검증 작업이라고 하면 우리들의 커리어 실험은 기초 연구에 해당하는 실험적 태도에 가까운 것입니다. 가능성을 좁혀 나가지 말고 모든 실험 결과를 다음 단계와 연계하면서 데이터로 활용해 갑니다.

인터뷰와 실험에 대해서 구체적으로 설명해 보겠습니다.

관심 있는 상대의 이야기를 경청하는 '인터뷰'

제일 처음으로 할 실험 방법은 인터뷰입니다. 인터뷰라는 단어를 접하고 난이도가 있다고 생각하는 분들도 있을지 모르겠습니다만 **'구체적인 이야기 듣기'**로 이해해 주시면 됩니다.

인터뷰 대상으로는 내 주변에서 커리어를 충실하게 잘 만들어 오셨다고 생각되는 분이나 혹은 평소 궁금했던 커리어를 보유하신 분이면 됩니다. 반드시 자신의 목적에 부합하는 커리어와 연결성이 있는 사람으로 한정할 필요는 없습니다. 결과적으로는 서로 연결됩니다. 만약 현시점에서 당신에게 펜션 주인이라는 목표가 있다고 하면 지금 당장은 아니더라도 스스로 그러한 사람을 발견한다거나 친구가 소개해 줄 수도 있습니다.

질문 항목은 면밀하게 정해 두지 않아도 되지만 다음 사항은 생각하고 있는 편이 좋습니다.

- 목표를 가지고 난 뒤부터 현재까지 일어난 사건에 대해 구체적이면서 시계열적으로 확인하기
- 매일매일의 생활에 대해서 반드시 구체적으로 확인하기
- 그 일의 본질은 뭐라고 느끼고 있는지 확인하기

질문의 세 가지 포인트

목표로 하는 사람과 이야기를 하면 아무래도 감정적인 면에 초점을 맞추어 인터뷰하기 쉽습니다. '즐겁습니까?', '힘듭니까?'라고 질문하면 상대는 '힘들지만 즐겁습니다'라고 대답할 수밖에 없습니다. 이야기를 들을 때에는 **냉정하게 사실에 집중해서 듣는 것에 중점을 둡니다. 사실에 대해 어떻게 느끼고 있는지도 확인합니다.**

다음으로 하루하루 생활을 확인합니다. 몇 시에 일어나서 어떤 작업을 하고, 몇 시쯤 잠자리에 드는지와 같은 것입니다. 휴가가 있는지도

중요할지 모릅니다. **각각의 일에 대한 어려움은 하루하루의 시간 활용 방법으로 나타나기 때문**입니다. 평소 꾸준함과 어떤 노력이 필요한지 현실적인 면을 간과하지 않는 것도 중요합니다. 예를 들면, 앞서 언급한 펜션 주인이라면 물건을 찾는 방법, 접객 방법, 손익 분기점이 안정기에 들어선 시기, 그 일로 생활이 안정적으로 유지될지의 여부 등 현실을 반영한 궁금한 사항들입니다.

한편으로 매일 아침 손님보다 먼저 일어나 식사를 준비하고, 손님들이 식사를 마치고 난 후에야 저녁 식사를 하며, 심야에 일을 마치는 매일매일의 생활에 대한 노고는 간과하기 쉽습니다. 오랫동안 그 업계에 있으려면 당연하게 감당해야 하는 것이라도 다른 생활방식으로 살아왔던 사람들이 순응하면서 잘 영위해 나갈지는 미지수입니다. 이러한 점도 확실하게 점검해야 합니다.

설정한 목표를 이미 실천해 가고 있는 선배가 일의 본질을 어떻게 파악하고 있는지도 중요한 질문입니다. 대부분이 **일의 화려함만을 바라보기 쉬운데 사실 이것을 지탱하는 것은 꾸준함**입니다. 예전에 만났던 카레 수프 가게의 사장님은 매일 같은 수프를 만들 수 있도록 기도하는 마음으로 완벽하게 똑같은 작업 순서로 일하고 있다고 합니다. 그러면서 일의 본질은 '궁극적인 습관화 작업'이라고 이야기했습니다.

우리와 같은 컨설팅 업무도 화려하게 보일지 모르겠지만 일의 본질은 사실을 누적해 나가는 사고와 매일매일의 학습, 고객과의 정중한 신뢰 관계 구축입니다. 본질은 장기적인 관계성을 전제로 하는 영업직과 같을지 모르겠습니다. 그러나 영업적인 일이 잘 맞지 않는다는 이유로 컨설턴트를 지망하는 사람들도 실제로 많습니다.

생활 목표, 일을 실행으로 옮겨 보는 '실험적 디자인'

실험의 의미를 조금 더 깊이 있게 알아보기 위해 **목표로 하고 있는 생활을 실제로 실행에 옮겨 보는 것**입니다. 최근에는 많은 회사에서 겸업 금지 제도를 없앤다는 이야기도 나오고 있기 때문에 도전적인 실험을 하는 것이 예전보다 훨씬 쉬워졌습니다. 저의 친구 중에도 겸업의 형태로 회사에 여러 차례 신규 사업안을 제안하여, 손실을 최대한 줄이는 방식으로 실험에 착수 한 사례도 있습니다. 실제로 **작게 시작**해 보는 것이 가장 좋은 방법입니다. **단기 아르바이트나 무상의 자원봉사 활동** 등 손실을 줄이면서 현재 상태에서 큰 변화 없이 도전할 수 있는 형태가 반드시 있기 마련입니다.

이전에 실험했던 저의 사례를 소개해 보겠습니다. 요식업체의 사원이었던 시절, 독립할지 말지 고민하던 중, 우연히 전차 안에서 만났던 대학원의 교수님께 상담한 적이 있습니다. 대학원에서 교수님의 많은 가르침을 받았던 저는 교수님이 저의 이상적인 커리어의 롤 모델이기도 했습니다. 당시 상담했을 때 교수님은 다음과 같이 말씀해 주셨습니다.

"고민하고 있다는 것은 아직 때가 되지 않았다는 거예요. 지금 아무리 고민해도 뾰족한 수가 없기 때문에 할 수 있는 것을 먼저 해 보면 어떨까요? 때가 되면 하기 싫어도 할 수밖에 없을 테니까요."

실제로 그 이후, 저는 교수님의 조언대로 요식업체에 재직하면서 몇 건의 컨설팅 프로젝트에 참여할 수 있었습니다(실험). 그리고 실험이 점점 더 커져서 '이제는 할 수밖에 없다'로 바뀌게 되었고, 그러면서 시작과 동시에 때맞춰 퇴사를 결심하게 되었습니다.

우리들은 일반적으로 커리어의 전환점의 시기가 오면 반드시 '진지하게 고민하고 결론을 내야만 한다'고 믿고 있을지 모릅니다. **인터뷰와 실험을 적절히 조합해 가는 것만으로도 커리어는 가고 싶은 방향, 가야만 하는 방향으로 자연스럽게 성장해 가기 마련**입니다.

인터뷰와 실험을 통해 내가 내걸고 있는 목표를 더욱 구체화하는 것이 중요합니다. 목표를 구체화하는 것 외에도 **다시 한번 나의 커리어 목적과 체질에 대해 생각해 볼 수 있을 것**입니다.

예를 들면 더 나은 커리어에 적합한 체질로 나를 변화시켜 나가는 체질 개선은 '2단계'의 워크숍에서 다루고 있습니다. '체질'은 여러 의미를 포함하고 있습니다. 나에게 맞는 생활방식과 체력적인 면도 체질의 일부입니다. 한편으로는 실제로 해보니 의외로 어렵지 않았다고 생각할 수도 있습니다. 실험하면서 열정의 정도가 더 강해져 가고 있는지, 이 정도의 고생은 이겨낼 수 있을 만큼 충분한 에너지를 얻을 수 있는지 확인할 필요가 있습니다.

03

커리어 컨설팅과
코칭을 받아 보기

한계 돌파를 위해서는 새로운 관점의 획득이 필요하다고 이야기했습니다. 즉 타인의 힘을 빌리는 것이 더욱 중요하다는 것입니다. 누군가와 상담을 해보거나 누군가와 함께 목적을 찾아보기도 하고, 누군가를 소개받거나 어떤 방식으로든 **타인의 힘을 빌려서 시야를 넓혀 보는 것**입니다.

말이 쉽지, 처음에는 누구와 어떤 이야기를 하면 좋을지 망설이는 분도 있습니다. 또한 들은 이야기의 의미를 파악하는 것조차 어려움을 느끼는 분도 있을 수 있습니다. 그런 경우에는 그 분야의 프로에게 상담받는 것이 가장 효과적입니다. 커리어 컨설팅과 코칭을 받는 것은 다양한 통찰력을 얻을 수 있고, 시야도 넓어지고 나를 더욱 깊이 있게 알아가는 방법입니다. 더욱이 한 발짝 더 내디딜 수 있는 용기를 얻을 수 있습니다. 이런 과정을 거치면서 목적을 육성하기, 체질을 개선하기, 목표를 많이 만들기, 실험하기의 네 단계가 조화를 이루며 순환하게 됩니다.

커리어 컨설팅과 코칭은 다루는 영역과 범위가 다르다

커리어 컨설팅과 코칭의 선택지를 말씀드렸는데 이 두 가지는 어떤 점이 다를까요? 결론부터 말씀드리면 큰 차이는 없습니다. 어느 쪽이든 내담자가 더 만족스러운 인생을 살아가기 위함이라는 목적은 같습니다. 다른 점은 다루는 영역과 범위입니다.

커리어 컨설팅은 어디까지나 일이 기준입니다. 일과 관련된 정보를 얻는 방법, 서류 작성 방법, 면접에 임하는 자세 등에 대해서 구체적인 조언까지 받을 수 있습니다. 하지만 단순히 적합한 직업을 상담해 주는 것은 아닙니다. 최종적으로 내담자가 만족스러운 인생을 영위하기 위해 일을 인생의 어느 위치에 자리매김해야 하는지, 무엇을 해야 하는지에 대해 함께 고민해 가는 것입니다.

한편 **코칭이 다루는 영역은 더 넓습니다.** 일에 국한하지 않고 연애를 포함한 인간관계, 주거 환경과 경제 환경 등의 생활, 나아가서 여가를 보내는 방법 등 모든 영역을 다룹니다. 다만 어떤 주제의 이야기라도 **모든 것은 내담자 인생의 내실화가 목적**입니다. 이야기의 내면에 있는 그 사람의 가치관과 소망, 갈등에 초점을 맞추면서 현상을 파악하는 방법과 행동 등의 선택을 지원합니다.

조언자가 아니라 함께 뛰는 동반 주자라는 인식

커리어 컨설팅과 코칭 작업을 진행할 때 다음의 두 가지 핵심 사항을 인식함으로써 그 효과를 높일 수 있습니다. 하나는 **답을 얻으려고 하지 않을 것**, 또 다른 하나는 **나의 가능성에 관심을 가질 것**입니다.

우선은 '답을 얻으려고 하지 않기'라고 했는데 커리어 컨설턴트와 코치는 조언자가 아니라는 점을 인지해야 합니다. 어디까지나 본인이 답을 얻을 수 있도록 도와주는 마라톤의 동반 주자와도 같습니다. 이 점이 중요한 핵심입니다. 답이나 조언만을 얻고 싶어 하는 사람은 아무리 많은 과정을 진행해도 쉽게 변하지 않습니다. 능동적으로 느끼고, 생각하고, 행동하는 법이 없기 때문에 깨닫는 것이 별로 없습니다.

그렇다면 답을 얻으려고 하지 않고 스스로 찾으려고 하는 사람이 인지해야 할 것은 무엇일까요? 그것은 앞에서 또 다른 관점으로 이야기했던 '나의 가능성에 관심을 가질 것'입니다. 많은 사람들은 '나는 ○○○이다'라는 식으로 일종의 꼬리표를 붙이려고 합니다. 이 꼬리표가 강력하면 작업 과정에서 드러나는 나의 가치관과 원하는 바를 받아들이지 못합니다. 가능성을 발견하는 단계에서 더는 진전이 없다는 뜻입니다. 꼬리표에서 벗어나 나의 가능성이 넓어질 것이라는 믿음과 함께 흥미를 느끼고 나의 가능성을 발견해 나가기를 바랍니다. **반드시 뭔가 보이기 시작할 것**입니다.

체험 과정에서 궁합을 판별하기

그렇다면 커리어 컨설턴트와 코치는 어떻게 찾으면 좋을까요? 몇 개의 사이트를 소개하겠습니다.

커리어 컨설턴트

커리어 컨설턴트 포털 사이트로 아직은 대표할만한 정해진 사이트가 없는 상태입니다. 후생 노동성에서 제공하는 커리어 컨설턴트 웹사이트로는 국가의 커리어 컨설턴트로 등록된 커리어 컨설턴트를 검색할 수 있는 '커리콘서치'라는 시스템이 있습니다.

• 커리콘서치 웹사이트

https://careerconsultant.mhlw.go.jp/n/career_search.html

코치

코치와 관련해서는 두 개 사이트를 소개하겠습니다.

• CTI 재팬 https://www.thecoaches.co.j

일본 유수의 코치 양성 기관으로 CTI 재팬의 트레이닝 경험을 쌓은 프로 코치를 찾을 수 있습니다. '인생의 목적'을 중심으로 삶을 영위해 나가는 것을 신조로 하는 코칭 스타일은 이 책이 추구하는 바와도 잘 맞습니다.

• mento(멘토)https://mento.jp/

2019년 가을부터 서비스를 시작한 사이트로 이용자와 코치를 연결해 주는 사이트입니다. 이용자의 연령과 속성, 상담한 주제를 기반으로 이용자와 궁합이 잘 맞을 듯한 코치를 몇 명 제안해 주고 체험 과정도 체험 가격별로 진행할 수 있습니다.

주의하실 점은 전문 사이트라고 해도 나와 맞는 컨설턴트나 코치를 바로 발견할 수 없을 수도 있다는 점입니다. 커리어 컨설턴트나 코치도 인간이기 때문에 아무래도 궁합이 중요합니다만, 궁합은 실제로 소통

하지 않으면 알 수 없기 때문입니다. 권해드리고 싶은 것은 체험 과정의 신청입니다. 대부분 저렴한 비용으로 체험 과정을 제공하기 때문에 **몇몇 체험 과정을 진행해 보고 나서, 나와 맞는 컨설턴트나 코치를 선택**하기 바랍니다.

한국의 커리어 컨설팅 및 취업 관련 대표 사이트

워크넷 : https://www.work.go.kr
커리어넷 : https://www.career.go.kr
꿈날개 : https://www.dream.go.kr
잡알리오(공공기관취업):https://job.alio.go.kr
NCS(국가직무능력표준) : https://ncs.go.kr
인크루트 : https://www.incruit.com
사람인 : https://saraminhr.co.kr
잡코리아 : https://www.jobkorea.co.kr
알바천국 : http://www.alba.co.kr
알바몬 : https://www.albamon.com

한국의 커리어 코칭 대표 관련 사이트

(사)한국코치협회 http://www.kcoach.or.kr
ICF한국코칭연맹 http://www.icfkorea.or.kr
CIT코칭연구소 : https://www.citkorea.co.kr
CMOE : http://cmoe.co.kr
아시아코치센타 : http://www.asiacoach.co.kr
인코칭 http://www.incoaching.com

국가전문자격컨설턴트 협회

한국경영기술지도사회 : http://www.kmtca.or.kr
* 중소벤처기업부 발행−국가전문컨설턴트 자격 경영지도사 자격증 소유자 협회

'커리어 실험 계획 세우기' 워크숍

드디어 마지막 워크숍인 '커리어 실험 계획 세우기'입니다. **시도해 보는 것에 실패는 없습니다.** 이번 내용에서는 안전한 실험을 놀이하듯 시도해 보는 실험의 구체적인 방법 두 가지를 설명하겠습니다. 하나는 인터뷰, 또 다른 하나는 커리어 실험입니다.

인터뷰를 진행하는 단계

[도표 5-1]에 정리하면서 진행해 보겠습니다.

(1) 인터뷰하고 싶은 사람을 열거해 주십시오. 이 단계에서는 인터뷰 후보 선정이기 때문에 목표와의 연결성은 그다지 고려하지 말고 생각나는 사람을 모두 열거해 주십시오.

(2) 이 사람을 선택한 이유는 무엇입니까? 작성해 주십시오.

(3) 인터뷰를 진행할 때 묻고 싶은 내용을 미리 정합니다.

※ 인터뷰를 진행하면서 대상자의 구체적인 행동과 사실을 중점적으로 질문합니다. 그런 다음 사실에 대해 어떻게 느끼고 있는지 확인합니다.

핵심 ① 목표 설정에서 현재까지의 사건

핵심 ② 매일매일의 생활

핵심 ③ 그 일의 본질

핵심 ④ 그 외

우선은 인터뷰할 대상을 생각해 봅니다. [3단계]에서 목표를 설정했습니다만 여기에서는 목표와의 연결성은 일단 고려하지 말고 커리어라는 관점에서 동경하는 사람, 알고 싶은 사람을 열거해 봅니다. 선정 기준 등을 골똘히 생각하다 보면 범위가 좁아져서 비슷한 사람들만 선택하기 쉬우므로 **너무 깊게 생각하지 말고 직감적으로 선택하는 것이 핵심**입니다.

[도표 5-1] '커리어 실험 계획 세우기' 워크숍 인터뷰 편

(1) 인터뷰하고 싶은 사람을 나열해 주세요. 이 단계에서는 인터뷰 후보 선정이기 때문에 목표와의 연결성은 그다지 고려하지 말고 생각나는 사람들을 모두 나열해 주십시오.

(2) 그 사람을 선택한 이유는 무엇입니까? 작성해 주십시오.

(3) 인터뷰를 진행할 때 묻고 싶은 내용을 미리 정합니다.

※ 인터뷰할 때 대상자의 구체적인 행동과 사실을 중점적으로 질문합니다. 그 후에 사실에 대해 어떻게 느끼고 있는지 확인합니다.

인터뷰 대상자	선정 이유	묻고 싶은 내용			
		핵심 ① 목표 설정에 서 현재까지 의 사건	핵심 ② 매일매일의 생활	핵심 ③ 그 일의 본질	핵심 ④ 그 외

직감적으로 선정한 다음, 그 사람을 선정한 이유를 생각합니다. 이유라고 하면 거창하게 생각할 수도 있지만 궁금한 점이 무엇인지 이유를 찾는 정도로 충분합니다.

다음으로 선정한 이유를 기반으로 묻고 싶은 것을 미리 작성해 둡니다. 인터뷰의 목적은 내가 실제로 행동으로 옮겨 나갈 때 참고할 정보를 수집하는 것입니다.

질문을 하고 싶은 상대가 동경의 대상이거나 평소 알고 싶었던 사람이라면 그 사람이 어떤 마음으로 인생을 살아왔는지 궁금할 것입니다. 만약 그 사람과 똑같은 인생을 살아왔다 하더라도 같은 마음으로 살지는 않았을 테니까요. 그 사람이 힘든 상황을 극복하면서 열심히 살아왔던 노력을 나도 똑같이 할지는 모르기 때문입니다. 반대 상황도 마찬가지입니다. 그렇기에 **중요한 것은 그 사람이 구체적으로 무엇을 해왔는지, 무엇을 하고 있는지를** 질문하는 것입니다. **이 점을 묻고 질문한 내용을 상상했을 때 내가 어떻게 느끼는지가 중요합니다.**

또한 질문 사항을 완벽하게 정해 놓을 필요는 없습니다. 예를 들면 다음과 같은 질문을 미리 준비해 두면 그 장소에서 자연스럽게 이야기를 진행할 수 있습니다.

인터뷰 시, 질문 예

- 이 일을 시작하기 위해 처음에 어떤 준비를 하셨습니까?
- 처음부터 다시 시작한다고 하면 무엇부터 시작하시겠습니까?
- 인생을 되돌아 봤을 때 가장 중요한 것은 무엇입니까?
- 하루의 시간 계획에서 몇 개의 대표적인 방식을 말씀해 주십시오.
- 어떤 사람과 만나고 있으십니까? 구체적으로 어떤 이야기를 나누십니까?
- 어떤 작업을 하십니까? 구체적으로 말씀해 주십시오.
- 특히 중요한 것은 무엇입니까?
- 이전과 비교해서 확실히 달라진 점은 무엇입니까?
- 이 일의 본질을 한마디로 말하면 무엇입니까?
- 이 일을 지속할 수 있는 힘은 무엇입니까?

질문을 하고 싶은 상대는 생각났습니까? 어떤 질문을 할지 기대가 됩니다.

실험을 진행하는 단계

다음은 실제로 진행할 미니 실험입니다. [도표 5-2]에 정리하면서 진행하겠습니다.

① [3단계]에서 설정한 목표를 옮겨 적어 주십시오.

② 실험을 통해서 확인하고 싶은 핵심을 찾아냅니다. 생활방식의 변화, 상담 상대와 방법의 차이 등 조금이라도 궁금한 점을 찾아 기록합니다.

③ 실험 방법(아르바이트, 자원봉사, 모의실험 등)의 후보군을 선정해 주세요.

　확인하고 싶은 핵심을 명확히 할 수 있는 방법이 가장 좋지만 우선은 개의치 말고 선정합니다.

④ 접촉 대상은 두 가지 방법으로 선정합니다. 하나는 실험 방법이나 실험할 장소를 찾는 데 도움을 줄 수 있는 사람입니다. 다른 하나는 실제로 실험할 장소의 후보지입니다.

[도표 5-2] '커리어 실험 계획 세우기' 워크숍—커리어 실험 편

① [3단계]에서 설정한 목표를 옮겨 적어 주십시오.

② 실험을 통해서 확인하고 싶은 핵심을 찾아냅니다. 생활방식의 변화, 상담 상대와 방법의 차이 등 조금이라도 궁금한 점을 찾아 기록합니다.

③ 실험 방법(아르바이트, 자원봉사, 모의실험 등)의 후보군을 선정해 주세요.

　확인하고 싶은 핵심을 명확히 할 수 있는 방법이 가장 좋지만 우선은 개의치 말고 선정합니다.

④ 접촉 대상은 두 가지 방법으로 선정합니다. 하나는 실험 방법이나 실험할 장소를 찾는 데 도움을 줄 수 있는 사람입니다. 다른 하나는 실제로 실험할 장소의 후보지입니다.

	목표	확인할 핵심 요점	실험 방법 (아르바이트, 자원봉사, 모의실험 등)	접근 대상	
				상담 상대	실험처
1					
2					
3					
4					
5					

[3단계] 목표에 맞춰서 생각하기 때문에 우선은 설정한 목표를 옮겨 적습니다.

그리고 설정한 목표를 실제로 실행하고 있는 나 자신을 상상해 봅니다. 그렇게 하면서 지금까지와 변화될 부분을 이미지화해 보고 **나에게 익숙하지 않은 영역과 제대로 이미지화되지 않는 부분의 핵심** 등을 찾아냅니다. 이것이 실험을 통해서 확인하고 싶은 주요 사항입니다.

다음으로 실제로 실험할 수 있는 장소를 찾아봅니다. 나의 네트워크 안에 있다면 바로 생각날지도 모르겠습니다만 없는 경우에는 이 부분에서도 다른 사람의 힘을 빌려 봅니다.

누구에게 의논하면 발견할 수 있을까요? 혹은 그 문제에 접근할 수 있을 만한 상대를 소개해 줄 수 있는 사람은 누구일까요? 체질 개선에서 학습한 내용과 겹칠 수도 있습니다만 여기에서 네트워크를 확장해 두면 정작 목표를 향해 본격적으로 행동을 시작했을 때, 활용 가능성이 있으므로 주저하지 말고 접근해 나갑니다.

다양한 접근 방식을 도입해도 실제로 실험이 어려운 경우에는 **모의실험**을 하는 것도 고려해 봅니다. 여러분 중 한 분이 빵집을 개업하고 싶다는 목표를 가지고 있다고 가정해 봅시다. 휴일에도 빵집의 생활방식에 맞춰 생활해 보는 것이 첫 번째 모의실험입니다. 기상 시간에 맞춰 작업이나 발주로 무엇에 얼마나 시간을 들여야 하는지 이미지화하고 영업하면서 중간중간 틈틈이 비는 시간에 점심 식사를 하는 느낌은 어떤지 실제로 경험해 보기도 합니다. 그리고 이런 생활이 매일 계속

되는 것이 나에게 어떤 생각을 하게 하는지 느껴 봅니다. 그렇게 하다 보면 느껴지는 것이 있습니다.

반복해서 말씀드리면 시도해 보는 데 실패는 없습니다. **인터뷰도 실험도 실행해 보면 반드시 깨닫는 것이 있습니다.** 왜냐하면 실험이기 때문입니다. 어렸을 때 했던 놀이는, 분명히 이러한 실험으로 넘쳐났습니다. 술래잡기할 때 아무도 모르는 새로운 장소를 찾아내는 방법이나 잡히지 않고 도망가는 방법 등을 궁리했습니다. 술래잡기를 잘하는 친구에게 어떻게 하면 그런 장소를 발견해서 숨었는지 물어보기도 했습니다.

사실 **우리는 어렸을 때부터 계속 실험을 경험해 왔던 것입니다.** 그러한 열정을 되살려서 놀이하듯 점점 더 실험해 나갑니다.

경험을 반복하자

자, 여기까지 오면 실험의 연속입니다. 체질 개선을 한다는 점에 계속 의식하면서 커리어 실험을 반복하고 그 과정에서 발견한 내용을 활용하여 추가적인 목적 탐구나 새로운 목표를 창조하는 것을 즐겨 주십시오.

물론 어딘가에서 '이것이다'라는 목표가 발견되고 잠시 그 목표를 향해 온 힘을 기울이는 시기가 올지도 모릅니다. 우리는 뭔가 하나에 이끌려 그것에 전심전력하는 그 자체를 부정하는 것은 아닙니다. 여러분의 마음이 그렇게 시킨다면 그렇게 행동해도 좋습니다. 그러나 뭔가 하나의 목표에 몰두하는 것이 커다란 손실로 작용할 수 있는 시대라는 것은 잊지 말아 주십시오. **벽에 부딪히면 또 새롭게 앞을 향해 전진하면 됩니다.**

저도 곧 50세의 반열에 들어서는 나이지만 동년배의 동료들과 이야기를 하면 크게 두 부류로 나뉩니다. 하나는 꿈과 목표를 이야기하는 사람이고 또 다른 하나는 불평과 핑계를 이야기하는 사람입니다. 꿈이나 목표를 이야기하는 사람은 꿈이나 목표 그 자체가 아니라 그것을 향해 나아가는 행동, 실험적인 이야기를 많이 하곤 합니다. 이를테면

'이런 사람을 만났다', '이런 장소에 가 봤다', '이런 것을 처음으로 경험했다'라는 식입니다.

여러분은 어떤가요? 꿈이나 목표, 실험적으로 발견한 이야기를 하고 있습니까? 불평이나 핑곗거리를 이야기 하는 분들이 더 많을지도 모르겠습니다만, 그래도 어쩔 수 없습니다.

나도 모르는 사이에 정해진 노선 같은 것들이 사회와 회사에 의해 만들어지고, 어딘가에서 나는 하차하고 마는 것은 아닐까 하는 불안감을 느끼는 분도 있으리라 생각합니다. 특히 40대 후반은 이런 일이 많이 발생하는 시기이기도 합니다. 물론 환승하는 노선이 그다지 쉽지 않다는 것이 지금의 현실입니다.

그러나 앞으로는 뷰카(VUCA) 시대의 커리어야말로 환승의 적기이고 한계를 돌파해서 새로운 나를 발견할 수 있는 기회가 되는 시기이기도 합니다. 잠시 **불평을 늘어놓았다면 지금이야말로 새로운 나와 만날 수 있는 절호의 기회**일지도 모릅니다.

위기는 기회라는 말이 있습니다만 위기는 위기입니다, 아무것도 하지 않는다면. 반드시 이 책에서 소개한 네 단계를 활용해 기회로 바꿔나가기 바랍니다.

반 발짝 내딛는 실험을 통해 나의 가능성을 넓힌 커리어 실천자

― 코바야시 토시(小林等/41세)씨

세 가지의 서로 다른 얼굴을 가진 포트폴리오 워커

'하고 싶은 것이 있지만, 정작 실행하려고 하면….'

용기를 내서 한 발 내딛는 것이 말처럼 쉽지 않습니다. 코바야시 토시 씨는 40세를 기점으로 18년 동안 재직했던 대형 여행사를 퇴직하고 독립이라는 커다란 첫발을 내딛게 되었습니다.

"약 3년 전까지는 회사를 그만두고 독립한다는 것은 생각조차 해 본 적이 없어요. 심지어 여러 일을 동시에 하게 될 줄은 꿈에도 몰랐습니다."

이렇게 말하는 코바야시 씨는 현재 카나가와현 니노미야에서 종합형 지역 스포츠 클럽인 '라비츠 클럽 쇼난 니노미야'를 운영하고 있습니다. 이 외에도 일반 사단법인 커리어 아익스 연구소 대표이기도 하고, 타마가와(玉川) 대학 관광학부 전임 교원으로 세 분야에서 활약하는 포트폴리오 워커입니다. **포트폴리오 워커란 복수의 명함을 가지고 복수의 조직과 일을 하는 새로운 직업의 방식입니다.**

많은 회사에서 겸업을 허용하기도 하고 코로나 위기에 따른 회사의 경영 부담을 줄이기 위해 이러한 복수의 직함을 갖고 일하는 방식이 주목받고 있습니다. 코바야시 씨가 포트폴리오 워커가 된 배경을 살펴보기로 하겠습니다.

일과 개인적 삶을 양립할 수 있는 삶의 방식을 실험하다

대학 시절 동기와 함께 풋살 동아리를 설립하고 열정적으로 활동한 코바야시 씨가 취업처로 선택한 곳은 업계 1위면서 취업하고 싶은 회사 선호도에서도 항상 상위권을 차지하고 있는 대형 여행사였습니다. 입사를 결정한 계기는 대기업이라는 점, 사람과 관련한 일을 할 수 있다는 점, 그리고 학교 교육에 흥미가 있고 수학여행과 같은 교육관련 여행 일을 할 수 있다는 점이었습니다.

코바야시 씨는 입사 후, 관동 근교의 지방 지점에서 수학여행 등을 담당하는 교육 여행 사업 영업직으로 일을 시작하였습니다. 희망하던 교육관련 여행 부서였고, 교육 여행을 기획하거나 제안하는 일이라고 예상했습니다. 하지만 예상과는 달리 현실은 주어진 업무를 정확하고 신속하게 수행하는 것만 요구되었습니다. 또한 선배들을 지켜봐도 외부 활동도 거의 없고 오랫동안 같은 일만 반복할 뿐이었습니다. 구직 활동 시기에 바늘구멍과 같은 좁은 취업문을 뚫고 겨우 입사한 대기업임에도 코바야시 씨는 입사 1년 만에 퇴사를 고민하였습니다.

"학창 시절부터 계속했던 풋살 동아리 활동으로 토·일요일은 도쿄에 가곤 했어요. 개인적인 모임이 즐겁기도 하고 도쿄라는 장소나 그곳에서 일하는 사람들이 부럽기도 해서 도쿄에서 일하고 싶다고 생각했어요."

그러나 코바야시 씨는 퇴사하려는 생각을 잠시 접어두기로 하였습니다. 이유는 코바야시 씨의 퇴사 이야기를 들은 선배의 질문이 계기가 되었습니다. 코바야시 씨는 그 선배로부터 '**무엇을 위해 일을 하는지?**', '**미래에는 어떤 일을 하고 싶은지?**'라는 질문을 받고 난 후 인생에 대해 처음으로 신중하게 생각하게 되었습니다.

코바야시 씨는 선배와 대화하면서 퇴사가 현실에서 도망가고 싶은 핑곗거리에 지나지 않았다는 것, 일과 풋살 양쪽 모두 도전하고 싶다는 자신의 진짜 속마음도 알 수 있었습니다. 그래서 3년 동안은 회사를 다니면서 좋아하는 풋살 활동도 지속해 나가기로 합니다.

코바야시 씨는 과감하게 **일과 삶이 조화를 이루는 인생을 살기로 결**결심하고, 지방에서도 풋살팀을 만들고 업무 종료 후에는 성인반·어린이반 교실도 시작합니다. 평일 주간에는 업무에 열중하고 야간에는 지역 팀에서 성인과 어린이들을 지도하고, 토요일과 일요일에는 도쿄에서 풋살 팀의 운영자이면서 선수로 활약하는 풀가동의 삶을 시작하였습니다.

"어느덧 일과 좋아하는 풋살 활동이 조화와 균형을 이룰 수 있게 되었어요. 또한 지역 주민들과 교류할 수 있는 기회가 생기면서 개인적인 가족 여행이나 신혼여행, 회사의 출장 여행 등도 기획할 수 있게 되었지요. 이렇게 **저만의 방식을 고수해 나가면서 업무와도 연결시킬 수 있다는 것을 실감하게 되었어요.**"

이 경험은 코바야시 씨에게 어느 것 하나를 선택하는 것이 아니라 여러 활동을 동시에 실행할 수는 없을지 고민하면서 실제로 실행에 옮긴 첫 번째 실험이 되었습니다.

코바야시 씨는 여러 가지 일을 하더라도 활동을 잘 할 수 있다는 자신감과 오히려 **여러 개의 도전 분야가 있는 것이 더 큰 만족감으로 이어진다는 것을** 깨닫게 되었습니다.

신규 사업 공모 제도로 커리어 교육 사업이 채택되다

순조롭게 영업 성과를 올리고 있던 코바야시 씨는 6년 동안의 지방 근무 후, 수도권 지사로 발령받았습니다. 그러나 자신이 관여하고 있는 교육 여행 사업의 미래는 불안하기만 하였습니다. 경쟁 심화로 채산이 맞지 않는 기획이 계속 늘어나고 있었고, 주위에서도 같은 근심을 하고 있는 선배나 동료도 있었습니다.

코바야시 씨는 현재의 상황을 바꿔 보려고 했습니다. **신규 사업 공모 제도를 활용**하여 이전부터 하고 싶었던, 학생들을 사회와 원활하게 연결시키는 커리어 교육 사업을 제안하였습니다.

코바야시 씨의 용기를 북돋아 준 것은, 한 임원이 조찬 회의에서 발표한 **'성공의 반대는 실패가 아니다. 아무것도 하지 않는 것이다'**라는 메시지였습니다.

이 메시지에 힘입어 코바야시 씨는 자신의 구직 경험과 교육 관련 여행 사업, 개인적인 활동으로 만나게 된 아이들과 학생들에게 느껴왔던 내용을 토대로, 학생과 사회의 미스매칭의 문제 해결에 공헌하고 싶다는 소망을 담아 발표한 기획안이 당당히 채택되었습니다.

'대학원을 목표로 하다' 이 전에 일과 통학의 양립을 실험

기획안이 채택되고 사업 신설 부서로 이동한 코바야시 씨였지만 다시 한번 새로운 장벽에 부딪히고 말았습니다. 생각만 하고 있던 사업

기획이 회사에서 채택은 되었지만 지금까지 오로지 영업 경험만 있었던 터라 실제로 사업화하기 위해서는 무엇부터 하면 좋을지 막막하기만 했습니다.

코바야시 씨는 이러한 난관을 해결하기 위해 식견이 넓고 고민이 있을 때마다 무엇이든 상담해 주던 선배를 롤 모델로 삼습니다. 선배가 대학원에서 MBA를 취득한 것처럼 자신도 사업 개발 기술 향상을 위해 MBA를 취득하기로 결심했습니다.

그러나 대학원을 다니려면 학비와 시간이 필요했습니다. 도중에 포기하고 싶지 않았던 코바야시 씨는 우선 **1년으로 규정되어 있는 비즈니스 스쿨에 입학하는 것을 실험으로 선택**합니다. 그리고 1년 동안 비즈니스 스쿨을 다니면서 자신이 배우는 일에 얼마나 열정적인 사람인지, 배운 지식이 실무에 활용되는 것의 즐거움이 무엇인지 깨닫게 되었습니다. 이쯤 되자 새로운 지식을 습득할 수 있다는 자신감을 갖게 되었고 이번에는 특수 대학원에 도전하기로 마음먹었습니다.

사실 MBA라고 하면 해외 대학을 생각하기 쉽지만, 국내에도 일하면서 평일 야간과 토요일, 일요일에 통학하며 학위를 취득할 수 있는 대학원이 많이 있습니다. 코바야시 씨가 선택한 학교는 타마(多摩)대학 대학원이었습니다. 이 학교를 선택한 이유는 세 가지였습니다. 그것은 실무를 겸비한 교원에게 배울 수 있다는 점, 소수정예로 진행되어 교원과 수강생 간의 교류가 활발하다는 점, 회사에서 통학 거리가 가깝다는 점이었습니다.

코바야시 씨는 타마대학 대학원에서의 배움에 대해 다음과 같이 회상하고 있습니다.

"일하면서 대학원을 다니는 것은 너무 힘들었고 수면 시간이 세 시간 남짓인 날도 부지기수였어요. 하지만 잘 해낼 수 있었던 것은 다양한 가치관, 다른 삶의 방식과 일하는 방식을 가진 동료들과 소통하고 토론하는 과정이 저를 자극하고 즐거웠기 때문입니다. 대학원에서는 당초 사업 개발 기술을 배우는 것이 목표였지만 더 중요한 것들을 배울 수 있었어요. 강사나 동료들과의 대화를 통해 사회에 공헌하고 싶다는 의지가 명확해진 것과 삶의 방식이나 일하는 방식은 다양해서 다른 사람과 같을 필요는 없다는 것이었습니다. 그리고 저만의 길을 살아가도 괜찮다는 자신감을 가진 것이 최대의 배움입니다."

특수 대학원에서 만들어진 다양한 네트워크로 인해 코바야시 씨의 커리어는 더욱더 빠르게 발전해 나가기 시작했습니다. 나다운 삶의 방식에 대한 모색이 시작되었고, 하려고 했던 것들을 **전부 포기하지 않고 우선은 반 발짝 내디뎌 보는 실험**으로 더욱 커리어를 성장시키는 계기가 되었습니다.

대학원에서의 배움을 토대로 재직 중에 지역 활성화를 위한 활동을 시작하다

수도권의 지부로 발령받은 코바야시 씨는 발령을 계기로 도쿄에서 전차로 한 시간 반 정도의 거리에 있는 카나가와현 니노미야에서 스포츠로 지역을 활성화하겠다는 목표를 세우고 움직이기 시작하였습니다. 대학원 수업에서 사회에 공헌하겠다는 뜻을 명확히 한 코바야시 씨가 **지역 공헌과 스포츠의 융합을 시도해 나가기 시작**한 것입니다.

코바야시 씨는 여행사에 재직하면서 겸업 형태로 종합형 지역 스포츠 클럽인 '라비츠 클럽 쇼난 니노미야'를 지역 사업으로 함께 출범시켰습니다. 사실은 당시에는 회사에 겸업 제도는 없었고, 금전적인 대가를 받지 않는 형태로 자신의 시간과 돈을 투자해서 시작한 것입니다.

당시, 코바야시 씨가 35세 때였습니다. 처음에는 하고 싶은 활동을 주위에서 제대로 이해하지 못하여 학교나 구청에 직접 제안해도 거절당하기 일쑤였습니다. 그러나 영업으로 다져진 소통 역량으로 의회 의원이나 지방자치단체장과 직접 담판을 지으면서 2년의 준비 기간을 거쳐 실현하기에 이르렀습니다.

지금까지 만들어 온 기반이 뒷받침되다

코바야시 씨는 **대학 졸업 후부터 근무해 왔던 첫 직장을 40세 때 퇴사하기로 결심**하였습니다. 그 당시를 회고하면서 코바야시 씨는 다음과 같이 이야기합니다.

"대학원에 입학하기 전, 저는 40세를 기점으로 커리어의 방향을 다시 생각해 보는 것으로 목표를 세웠어요. 입학 후에 5년 동안은 일, 개인적인 삶과 대학원에서의 배움을 모두 완벽하게 해내겠다고 결심했지요. 그리고 정작 40세가 됐을 때는 회사에 다니면서 니노미야에서의 활동을 지속해 보려고도 했지만, 제 자신이 훨씬 더 잘할 수 있는 무언가가 있지 않을까, 사회에 공헌할 수 있는 무언가가 있지 않을까 고민 끝에 결단을 내렸어요. 회사에는 퇴직 후에도 외부에서 얼마든지 공헌하는 방법이 있으리라 생각하여 선배 사원을 포함해 주위의 동료에게도 많은 조언을 구하곤 했어요. 신규 사업 공모 제도로 출범시켜 지금껏 키워 온 진로 교육을 계속하고 싶다는 염원이 명확했던 것과 니노미야에서의 활동이 결단을 내리는 데 결정적 계기가 되었습니다.”

하나의 일로 좁혀 나가지 않고 하고 싶은 것을 계속하고 싶다는 염원으로 지속적으로 몰입해 왔던 노력들이 어느덧 코바야시 씨의 자립을 돕는 자산이 되었습니다. 그리고 이러한 코바야시 씨를 지지한 **또 하나의 자산은 주위 분들의 응원**이었습니다.

포기하지 않고 하고 싶은 일에 계속 도전하는 코바야시 씨와 함께 일을 하고 싶다는 사람들의 요청이 하나 둘 늘어나기 시작했습니다. 퇴직을 결심하자 직접 출범시킨 커리어 교육 사업은 위탁 사업의 형태로 회사로부터 정식으로 수탁을 받게 되었습니다. 또한 생각지도 않게 선배로부터 대학에서 교편을 잡아 볼 생각이 없느냐는 의뢰를 받고 대학 교원이라는 명함도 가질 수 있게 되었습니다. 석사 과정, 박사 과정을 거쳐도 대학 교원이 되지 못하는 사람들이 수두룩한데 실험을 거듭해 나가는 코바야시 씨에게는 행운의 여신이 미소를 지어 준 것일지도 모릅니다.

회사를 그만두고 자립한 초기에는 수입 면에서 힘든 시기도 있었지만, 현시점에서는 퇴사했을 때보다 연봉은 높아졌습니다.

하나의 커리어로 단정짓지 않고 인생 즐기기

40세에 자립하고 커리어 교육 사업인 '일반 사단법인 커리어 아식스 연구소' 운영과 종합형 지역 스포츠 클럽 '라비츠 클럽 쇼난 니노미야' 운영, 대학교 교원 등 세 가지 일을 하는 포트폴리오 워커(N잡러)가 된 코바야시 씨는 현재의 심경을 다음과 같이 이야기합니다.

"새로운 것에 끊임없이 도전하고 싶다는 생각이 저의 무의식 속에 있는지도 모르겠어요. 주위에서는 '너무 심한 거 아니야?'라든지 '세 가지 일을 동시에 한다는 건 너무 힘들어 보여'라고 이야기하는 분들도 계십니다. 하지만 **저에게는 새로운 것에 도전하는 일이 더 마음 편합니다.**"

그리고 이렇게 이야기합니다.

"지금까지는 제가 어떻게 되어야겠다는 명확한 비전이 없었어요. 하지만 **제가 어떻게 될지 너무 기대**되기도 합니다. 제가 하고 싶은 것뿐 아니라 주위에서 요구하는 사항도 포기하지 않고 **앞으로도 실험해 나가고 싶어요.** 실은 퇴직한 여행사 동료들의 새로운 네트워크를 만들어 주는 일에 도전 중입니다. 퇴직자들과 현직자들을 연결하는 네트워크 모임입니다. 지금도 아낌없는 지원을 해 준 회사에 감사하고, 제가 성장할 수 있도록 도움을 준 회사에 보답하고 싶어요. 이것도 저의 새로운 도전이며 실험인 셈이죠."

일반적으로 새로운 도전을 하려면 각오가 필요하고 무언가는 포기하고 희생하지 않으면 안 된다고 생각하기 쉽습니다. 그러나 '반걸음부터 내디뎌 보는 실험적 자세의 소유자'인 코바야시 씨라면 지금까지 당연하게 여겨 왔던 상황에서도 반걸음이 아닌 한 걸음도 내디딜 수 있을지도 모르겠습니다.

기
업
내
실
천
편

제6장

인사 업무에 요구되는
새로운 역할
─ NTT 커뮤니케이션즈사의 대처에서

커리어 개발에 필수적인
조직의 지원

'시작하며'에서 언급했던 것과 같이 이번 장에서는 커리어 개발에 대처했던 기업의 사례를 소개하겠습니다. 기업 주도형에서 자기 주도형 커리어 디자인의 이행이 요구되고 있습니다. 이에 발맞춰 기업의 인사 부서는 당장 커리어 디자인을 시행해야 하는 조직입니다. 그만큼 인사 부서의 역할이 중요합니다.

독자 중에는 인사 담당자로서 사원의 커리어 개발에 고군분투하고 있는 분들도 많을 것입니다. 그래서 기업의 대처 사례를 소개하면서 1) 자율적으로 커리어 개발에 힘쓰고 있는 사원들을 어떻게 관리하면 좋을지, 2) 현재와 같은 뷰카(VUCA) 시대에 기업이 사원의 커리어 개발에 주력한다는 것이 어떤 의미인지, 이 두 가지에 대해 생각해 보겠습니다.

물론 인사 담당자 이외의 분들도 **앞으로 조직이 사원들에게 기대할 것은 무엇인지** 알아 가는 것은 나의 커리어를 고민할 때 도움이 될 것입니다.

인사 부서의 진정성 있는 운영이 사원의 가능성을 확장한다

연수를 진행하면서 많은 인사 담당자와 만났습니다. 그들 대부분은 사원의 커리어에 대한 인식 전환을 위해서는 '생동감 있고 활기찬 조직'이 필수 불가결한 요소라고 생각하고 있습니다. 그리고 인사 담당자나 매니저가 철저하게 사원들과 함께 보조를 맞춰 나가야 한다는 것도 잘 알고 있습니다.

그러나 실제 상황은 전혀 다르다고, 다음과 같은 이야기를 하고 있습니다.

"젊은 사람들에게 커리어에 대해 고민할 기회를 제공하면 이직으로 이어질 수도 있기 때문에 커리어 개발 연수 활동은 하지 않고, 눈앞에 닥친 업무에 집중하도록 하고 있어요."

"입사 10년, 20년 단위로 커리어 개발 연수를 하고 있습니다만, 그 이후는 개개인의 노력에 맡기고 있습니다."

"커리어 지원실을 마련했습니다만 실질적으로 퇴직 희망자의 상담 창구나 저성과자들의 퇴출을 담당하는 부서가 되고 있습니다."

결국 커리어 개발은 본인이 고민할 사안이라고 취급하고 인사가 개입하지 않는 것이 기본이라는 입장에서 변하지 못하고 있습니다. 하지만 대대적인 변화의 시대에 이러한 입장을 견지하는 것이 정말로 올바를까요? 사원의 변화를 지원하고, 매니저를 지원하는 것이 인사 부서의 본래 기능입니다. 이에 비추어 보면 적극적으로 개입하고 사원의 변화를 이끌어 조직을 활기차게 만드는 것이 필요한 것이 아닐까요?

그래서 소개하고 싶은 조직이 NTT 커뮤니케이션즈사(이하 NTT 컴사)입니다. 조직 차원에서 사원의 커리어 개발을 지원하고 성과를 만들어 내는 카운슬러의 모범이 되는 기업이면서 다양한 교훈을 주는 사례입니다.

NTT 컴사는 NTT(일본전신전화 주식회사)의 그룹에 속한 기업으로 폭넓게 IT, 통신 서비스를 제공하는 기업입니다.

NTT 커뮤니케이션즈 주식회사

영업 수익 : 1조 704억 엔

영업 이익 : 1,373억 엔(2020년도 그룹 연말 결산)

종업원수 : 11,600명(2021년 3월 현재)

NTT 컴사에서는 사원이 커리어에 대해 고민하는 기회를 모범적으로 운영, 지원하고 있습니다. 이번에는 휴먼 리소스 부서의 커리어 컨설팅 · 디렉터인 아사이 코이치(浅井公一) 씨의 이야기를 들어 보았습니다.

이야기를 통해 얻은 교훈은 **인사 부서의 진정성 있는 운영이 사원의 가능성을 넓혀 주고 인생을 바꾸는 기점이 된다는 것**이었습니다. 어떤 자세로 사원과 마주하는가는 각각의 조직이 가지고 있는 사고방식에 따라 달라지겠지만 다른 사람의 인생에 커다란 영향력을 행사하는 인사 업무에서 '사원과 어떻게 마주하면 좋을지?'라는 질문에 대해 고민을 하는 조직이라면 사원의 가능성을 극대화한다는 측면에서 강력한 경쟁력을 가지고 있을 것입니다.

02

사원이 원하는 것은
'진심어린 기대'

비전 : '인적 자원이야말로 경쟁력의 원천'

미션 : '한 사람 한 사람의 역량을 최대로 발휘할 수 있는 직장',

　　　'평생 일하고 싶은 직장'

위의 내용은 NTT 컴사의 휴먼 리소스 부서에서 내걸고 있는 비전과 미션입니다. 이 문구 자체가 특별한 것은 아닙니다. 대부분의 인사부에서도 비전과 미션을 표방하고 있습니다. 그러나 이것은 글자 그 자체일 뿐 평상시에는 전혀 의식하지 않는 것이 일반적입니다.

반면 NTT 컴사에서는 결코 표방하는 말로 그치는 것이 아니라 **확실히 매일매일의 대처 방안으로 활용하는 노력**을 하고 있습니다. 이러한 노력이 모여 회사로부터의 기대가 진심이라는 것을 사원들에게 전달하고 인사 시책 또한 강력하게 운영해 나갈 수 있는 것입니다.

기본 지침에 담겨 있는 두 가지 의미

우선은 앞서 말한 기본 지침에 담긴 의미를 확인해 보겠습니다.

아사이 씨의 말에 의하면, 미션으로 표방하고 있는 것 중 첫 번째인 '역량을 최대로 발휘'한다는 의미는 어디에서나 인정받는 최고의 역량과 전문성을 요구하고 있다는 것입니다. 하지만 이러한 높은 역량을 가진 인적 자원은 영입하고 싶어 하는 사람들이 많기 때문에 경쟁사로 유출될 가능성도 높습니다.

그래서 또 하나의 미션이 중요합니다. 그것은 바로 '평생 일하고 싶은 회사'입니다. 물론 경제적 안정을 위해 평생 일하고 싶을 수도 있겠지만 경제적인 면이 충족된다고 해도 그것과는 별개로 또 다른 이유로 인해 계속 일할 수 없을 수도 있습니다. 평생 일하고 싶다고 생각하는 의미의 핵심은 **내가 회사에 필요한 존재라고 느끼고 내 생각을 존중받고 성장할 수 있다고 느끼는지 여부**입니다.

그렇다면 NTT 컴사에서 어떠한 것들이 행해지고 있는지 살펴보기로 합시다.

03

어떻게 지원해
갈 것인가?

NTT 컴사에서는 공식적으로 커리어를 고민하는 기회를 다음의 두 가지로 제공하고 있습니다.

① 신입사원으로 입사한 시점부터 3년 동안 매년 커리어 연수

② 50세 때의 커리어 디자인 연수와 사내 커리어 컨설턴트와의 면담

각각에 대해 하나하나 살펴보겠습니다.

'무한한 가능성'을 인식시키는 신입사원 연수

NTT 컴사에서는 신입사원으로 입사한 뒤 3년 동안 매년 커리어 연수를 받도록 하고 있습니다. 앞에서 이야기한 것처럼 신입사원들에게 커리어를 생각하는 기회를 제공하면 이직률이 올라가기 때문에 커리어 연수를 하지 않는다는 조직도 있습니다. 그렇기에 이토록 커리어 연수에 최선을 다하고 있는 조직은 보기 드뭅니다.

신입사원으로 입사해서 3년이라는 시간은 앞으로 사회인으로서 어떠한 인생을 보내게 될지 이미지화하고 싶은 시기인 동시에 스펀지처럼 다양한 것을 흡수하는 시기이기도 합니다. 지금의 뷰카(VUCA) 시대는 급격한 환경 변화 때문에 지금까지 갈고 닦아 온 지식과 경험이

그다지 소용이 없는 백지 상태와 흡사하다고 생각해야 합니다. 그러므로 3년 동안의 커리어 연수를 통해 고민해 왔던 업무의 의미를 생각하면서 **내가 가지고 있던 선입견을 버리고 내면에 잠자고 있는 가능성을 일깨워 줄 수 있는 계기**를 만드는 것은 너무나 중요합니다.

본래 현재 내가 알고 있는 나의 역량은 내가 보유하고 있는 역량의 일부에 지나지 않습니다. 커리어 연수에서는 사원들에게 나의 가능성을 더욱 넓혀 나갈 수 있다는 자신감을 확실하게 심어주려고 노력하고 있습니다.

'새로운 도전을 촉진하는' 50세 연수

또 하나의 기회는 50세가 되는 시기입니다. 이 시기에는 대상자 전원이 커리어 연수를 수강하는 동시에 커리어 디자인실에 소속되어 있는 사내 커리어 컨설턴트와 만나게 됩니다. 그리고 사내 커리어 컨설턴트의 도움을 받아 수강자는 커리어 연수를 진행하면서 의미 있는 시간을 보내게 됩니다. 이러한 노력은 NTT 컴사만의 노력이라고 말할 수 있습니다.

50세의 여러분은 어떤 모습인가요?

경험이 풍부하고 안정적인 모습인가요? 아니면 경험이 풍부한 만큼 적당히 일을 처리하는 데만 익숙한 모습인가요? 도전적인 일이 맡겨졌을 때, '후배의 성장 기회를 가로챌 수는 없지'라는 식의 적당한 핑계로 업무를 기피하고 있는 분은 없으십니까?

전 일본 국가대표 축구선수였던 엔도 야스히로(遠藤保仁) 씨는 다음과 같은 말을 한 적이 있습니다.

"이젠 후배들에게 길을 양보해야 할 시기가 온 것 같다고 이야기하는 사람들이 있는데 그건 잘못된 생각이예요. 젊은 선수들도 당당하게 실력으로 포지션을 빼앗아야 하고 베테랑 선수도 포지션을 지키기 위해 계속해서 성장해야 한다고 생각해요."

풍부한 경험은 새로운 도전으로 더욱 성장하고, 결과적으로는 조직의 활성화로 이어지게 됩니다.

NTT 컴사의 연수에서는 휴먼 리소스 부장이 매회 출석하여 연수 시작 전, '50세는 사회의 일원으로 살면서 인생의 반환점을 조금 돌았을 뿐입니다. 남은 인생은 아직 창창합니다'라는 이야기를 하곤 합니다. 이것은 '우리의 능력이 끝난 것이 아니다. 우리는 더 성장할 수 있고 더욱 도전하자'라는 메시지입니다.

수강자는 이 메시지에 의해 회사에서 진정으로 직원들에게 기대를 걸고 있다는 것을 느끼고 연수를 수강하는 자세를 바꿔 나가게 됩니다. 이는 말로만 표방하는 것이 아니라 진정한 의미를 그 속에 녹여 낸다는 것이며, 직원과 항상 함께하겠다는 의미이기도 합니다.

연수를 받았던 50세 수강생의 실제 변화 사례 두 가지를 소개하겠습니다.

한 발짝 내딛는 발걸음은 미약할지 몰라도 그 변화는 크다

처음에 소개할 분은 지방 지점에서 근무했던 A씨입니다. 지방 지점에서는 최신 기술을 필요로 하는 상담이 거의 없는 상황이었습니다. 이러한 이유뿐 아니라 A씨는 최신 기술에 대한 지식을 쌓고 싶은 강한 열망에 비해 지식과 경험은 상대적으로 부족했습니다.

이에 아사이 씨가 '일단 한번 도전해 보면 어때요?'라고 끈질기게 권유를 했고, A씨는 못 이기는 척 한 발짝 앞으로 나가 본다는 생각으로 결심하고 담당 부서의 상사에게 부서 이동 상담을 신청하였습니다. 담당 부서의 상사도 전면적으로 지원해 주어 A씨는 최신 기술을 다룰 수 있는 다른 지점에서 2개월 동안의 연수 기회를 얻을 수 있었습니다. 그 후, 기술에 대한 열망으로 불타오르던 A씨는 자진해서 또 다른 지점으로 이동하여 반 년 동안 실력을 갈고닦았습니다. 최종적으로 최신 기술 분야의 훈련 담당자 역할을 수행하는 수준까지 성장하여 지점 전체의 기술력 향상에 많은 공헌을 하였습니다.

상사에게 부서 이동 상담을 신청했던 첫 단계는 미약한 작은 발걸음이었지만 당사자는 엄청난 용기가 필요했을 것입니다. **한 발짝 내디며 보는 용기를 시작으로 그다음 발걸음으로 자연스럽게 이어졌고, 이러한 반복적인 행동이 초석이 되어 자신의 내면에 잠자고 있던 커다란 가능성을 발견**하게 되었습니다.

또한 그동안 아사이 씨가 끊임없이 앞에서 이끌어 주었던 점도 A씨가 도전을 유지해 나가는 데 큰 도움이 되었습니다.

자신의 본연의 모습을 탐색하고 일관성을 유지하다

다음에 소개하는 B씨는 연수나 상담에서 열정을 불태운 분이 아니라 스스로 자신의 무한한 가능성을 개발한 분입니다. B씨는 서비스와 관련된 다섯 개의 분야에서 전문적인 수준의 지식을 보유하고 있었습니다. NTT 컴사에서는 여러 분야에서 전문적인 지식을 보유할 것을 권장하고 있습니다. 두 개 분야에서 전문성을 보유하고 있는 사람들을 가장 이상적으로 여기고 있고, 다섯 개 분야로 확대되는 사람은 정말 특이한 경우로 여길 정도였습니다.

젊었을 때부터 실패를 두려워하지 않고 도전을 즐겨 왔던 B씨의 업무 성향 때문에 전문성을 키울 수 있었습니다. 하지만 이러한 도전적 성향은 남들보다 실패 확률도 높기 때문에 승진에 대한 두려움도 있었습니다. 그래도 B씨는 자신의 이러한 성향을 바꾸기보다는 **일관성을 유지해 나가는 편이 후회하지 않는 인생을 살 수 있을 거라 판단하고 전문성을 키워 나가는데 주력**하였습니다. 절대 쉽지 않은 결단이라고 생각합니다만, 커리어 목적(purpose)에 부합하는 삶의 방식을 선택했다고 할 수 있습니다.

또한 일 이외의 활동으로 B씨는 모 NPO의 핵심 인물로 활동하고 있습니다. 타고난 네트워커 체질과 성장 체질로 자신의 가능성을 개척하고 목표를 계속 확장해 가는 방식과 유사합니다. '한계 돌파의 네 영역'을 실천해 나가고 있는 B씨는 하루 24시간으로는 부족하다고 말하고 있습니다. 만족스러운 인생을 살고 있는 모습이 그대도 전달되는 듯합니다.

사람에 따라 무엇을 선택할지는 다양하지만 A씨와 B씨의 공통점은 진정한 나만의 삶의 방식을 선택하고 만족스러운 삶을 살고 있는 좋은 사례입니다. 또한 끊임없는 **작은 도전들이 쌓여 목표를 확장하고 목적을 진화시켜 큰 변화로 성장을 이끌어 낸 사례이기도 합니다.**

한 발짝 내딛는 것부터 변화는 시작합니다. 여러분의 한 발짝은 무엇입니까?

04

롤 모델이 되는 인재를
커리어 디자인실에 배치

이외에도, NTT 컴사 직원의 커리어 개발에 대한 노력이 진심임을 증명하는 사례가 또 하나 있습니다. 바로 커리어 디자인실의 인적 자원 선발입니다. 현재는 전담 인력이 두 명, 겸직 인력이 세 명인데, **선발된 인원 전원이 사원들의 롤 모델이 되는 존재**라는 점입니다.

본래 커리어 디자인실은 약 1년 전에 생긴 신설 부서입니다. 그전까지는 아사이 씨 혼자서 연수를 기획하고, 수강생들의 모든 면담을 담당하는 형태로 이끌어 왔습니다. 매년 300회 이상의 상담을 하고, 매일 묵묵히 사원들의 업무 지원을 위해 분주한 생활을 계속했습니다. 아사이 씨와의 상담을 통해 사원들의 행동이 점점 바뀌어 가는 것을 눈으로 확인하면서 마침내 회사에서도 커리어 디자인실의 설치를 확정하게 되었다고 합니다.

내담자의 마음을 움직일 수 있는 인물인지

커리어 디자인실에 상담을 신청하는 사람들은 어떤 사람에게 상담을 받고 싶을까요?

최소한 자신에게 주어진 업무도 제대로 수행하지 못하는 사람이나 회사에 자신의 모든 인생을 걸고 있는 사람은 아닐 것입니다. 스스로 인생을 주도해 나가는 롤 모델로 손색이 없는 사람들이 아닐까요? 그런 사람들의 말이기에 마음에 동요를 일으키고 내담자도 변화를 향한 발걸음을 내디딜 결심을 하게 된다고 생각합니다.

물론 이 정도로 유능한 사람들은 실무 부서에서도 놓치고 싶지 않기 때문에 커리어 디자인실의 인원 확보는 쉽지 않았습니다. 그러나 이러한 이유 때문에 **적당히 타협해서 인원을 확보하는 순간 지금까지의 노력이 물거품으로 돌아갈 수 있다는 것**을 아사이 씨는 잘 알고 있었습니다.

그래서 아무리 커리어 디자인실의 인원 확보가 되지 않더라도, 상담을 희망하는 모든 사람에게 충분한 상담을 할 수 없는 상황이 된다 해도, '현직에 있는 인재'이어야 한다는 방침을 일관성 있게 유지해 나갈 수밖에 없었다고 아사이 씨는 말하고 있습니다.

"이러한 일관된 자세가 직원들의 마음을 움직이는 원동력이 되고 마침내 커리어 디자인실 업무를 해 보고 싶다고 지원하는 사람들도 늘어났습니다. 저의 이러한 신념을 응원해 주면서 겸직을 권장하는 임원들도 점차로 많아질 거라고 믿고 있습니다."

05

생동감 넘치는 조직을 만드는
출발점

이번 장의 서두에서, ① 자율적인 커리어 개발에 힘쓰는 사원들을 어떻게 대응해 나가면 좋을지, ② 현재와 같은 뷰카(VUCA) 시대에 기업이 사원의 커리어 개발에 주력한다는 것의 의의는 무엇인지 이 두 가지에 대해 생각해 본다고 말했습니다. 마지막으로 이 두 가지에 대해 정리해 보겠습니다.

사원에 대한 커리어 교육의 중요성이 강조되고 있습니다. 하지만 워크숍을 통해 커리어에 대한 의식이 높아졌다고 해도 나의 의지만으로 변화를 실천하기는 쉽지 않습니다. 그렇기에 지금까지 살펴본 것처럼 인사 담당자의 **한 사람 한 사람 철저하게 옆에서 지원하는 노력과 행동 변화가 일어날 때까지의 관여가 필요**합니다.

여기에 덧붙여 **회사의 방침에 따른 제도나 조직 개편, 철저한 운용도 중요**합니다. 사원이 커리어에 대해 본격적으로 고민하게 하려면 회사와 인사 담당자 모두 한목소리로 확실하게 메시지를 전달하는 것이 필요합니다. 이것이 바로 회사를 '생동감 넘치고 활기찬 조직'으로 만드는 출발점입니다.

인사 담당자의 입장에서는 '뭐든지 인사 부서의 책임으로 돌리지 말아 주십시오'라고 말하고 싶을 것입니다. 저도 인사 업무를 경험했기 때문에 그 심정을 너무나 잘 알고 있습니다.

커리어 문제 이외에도 직무형 인사 제도 수립의 이행이나 직원의 스트레스 관리 문제 등 **인사 측면에서 적극적으로 해결해야 할 과제는 산적**해 있습니다. 여기에 업무 혁신으로 근로 시간의 최적화를 설계하라고 하지만 그 누구도 '인사 업무 자체의 혁신 방안에 대해서는 고려해 주지 않고 있지 않습니까?'라고 말하고 싶은 심정입니다.

커리어 개발로 사원의 몰입도를 높인다

그렇기 때문에 커리어의 문제를 중심에 놓고 고민해 보는 것은 어떨까요? 사실 이러한 문제의 근간에 있는 것이 커리어의 문제입니다. 사원이 나의 커리어를 고민한다는 것은 나의 삶을 고민한다는 것과 다를 바 없습니다.

어떤 삶을 살고 싶은지 고민하고 있다면 어떤 방식으로 일하는 게 좋을지도 고민하게 됩니다. 그것들을 잘 통합해 나갈 수 있다면, 업무 방식의 혁신 방향도 보이기 마련입니다. 그리고 여기에서 하나 소중한 깨달음을 얻게 됩니다. **커리어 개발에는 상호 지원이 필요**합니다.

커리어를 개발해 나가기 위해서는 누군가의 도움이 반드시 필요합니다. 그래서 나의 커리어 개발을 위해 누군가의 도움을 받고, 누군가의 커리어를 개발하기 위해 나의 역량을 빌려주는 상호 지원을 통해 주변과의 관계성도 개선됩니다. 상호 지원을 통해서 목적이 진화하기도 하고, 목표가 확장되기도 하고, 나의 잠재 능력을 더욱 개발하기도 합니다.

그렇게 되면 나이에 상관없이 목적을 위해 활기차게 일에 몰입할 수도 있고, 스트레스 관리의 문제도 해결될 것입니다. 결과적으로 업무 몰입도가 높아지고 현 직장에서 오랫동안 근무하고 싶다고 생각하는 사원이 늘어나는 것은 당연한 일입니다. 이것이 바로 뷰카(VUCA) 시대에 기업이 사원들의 커리어 개발에 힘써야 하는 의의입니다.

커리어의 인식 개선이 모범적인 조직 문화를 만든다

인사 담당자 이외의 분들은 이번 장에서 어떤 힌트를 얻으셨는지요? 한 가지 전달하고 싶은 내용은 커리어에 대한 인식을 주위 동료들에게 확산하고 순환시켜 달라는 것입니다. 그렇게 하는 것은 분명히 나의 커리어의 가능성을 확장하는 것으로 연결됩니다.

나의 숨겨진 가능성을 깨닫게 되는 동시에 동료의 숨겨진 가능성을 발견하게 됩니다. 그러면 이번에는 반대로 동료가 나의 숨겨진 가능성을 찾아 주기도 합니다. 내가 먼저 한 발짝 내딛음으로써 동료에게 용기를 주고 동료의 발걸음은 반대로 나에게 용기를 줍니다. 그리고 서로의 열정 가득한 미래를 이야기함으로써 서로의 꿈이 확장되어 갑니다. 이러한 순환을 만들어 가는 것이 나의 커리어로 되돌아오게 됩니다. **나의 커리어 개발을 부디 이기적인 방식으로 생각하지 말았으면 합니다.**

경제학자이자 사상가인 자크 아탈리 씨는 '이타주의는 가장 합리적인 이기주의이다'라고 주장하고 있습니다. 이러한 주장처럼 부디 커리어에 대한 인식을 순환시켜 주시기 바랍니다. 결과적으로 조직의 기대에 부응하게 되고 조직에서는 사원의 커리어 개발을 한층 더 생각하는 계기가 될 것입니다.

전
망
편

| 마지막 장 |

한계를 돌파하고 상상
이상의 내가 되는
'뷰카(VUCA) 시대의 커리어'로

01

불안정한 시대에 안정을 추구해야 하는 괴로움에서 벗어나기

　많은 분들이 커리어 디자인의 중요한 요소로 '안정'을 염두에 두고 있습니다. 이러한 현상은 당연한 현상인지도 모릅니다. 한편 사회는 점점 더 불안정해지고 있습니다. 이러한 현실에서 어떤 것이 진정한 안정일까요?

　안정이란 본래 소중한 사람과 내가 보람 있는 삶을 영위해 나가는 데 필요한 요소라고 할 수 있습니다. 자신의 삶을 보호하기 위해서는 일정의 수입이 필요한데, 이러한 수입의 근본 원천은 사회나 주변에 공헌할 힘이 있다는 것입니다. 보람 있는 삶을 살아간다는 것은 다른 사람에게 공헌함으로써 나의 존재감을 인식시키는 일이라 생각합니다.

　즉, **변화의 시대에 안정되어 있다는 것은 끊임없이 변화를 추구하면서 주위에 공헌할 수 있는 나로 존재한다는 증거**라고도 말할 수 있습니다. 그러기 위해서는 연결과 성장이 필수불가결한 요소입니다.

　지금까지 소개한 네 단계의 과정을 반복한다 해도 여러분의 직업이 변하지 않을 수도 있습니다. 하지만 **여러분의 삶이 즐거워지고 안심할 수 있는 인생으로 변할 수 있다는 것은 약속드릴 수 있습니다.**

이 네 단계의 과정을 통해서 여러분이 변화하게 되고, 점차로 실천에 옮기는 일을 두려워하지 않게 되기 때문입니다.

코로나 위기 속에서 유명해진 토머스 무어 씨를 기억하십니까? 외출 통제가 된 영국에서 의료 종사자들을 지원하기 위해 집 정원을 100회 왕복하겠다는 도전을 시작한 분입니다. 이러한 내용이 인터넷에서 확산된 당시의 토머스 씨 나이는 99세였습니다. 100세 생일까지 1,000파운드를 목표로 시작한 활동이 150만 명 이상의 공감을 얻어 내어, 3,279만 4,701파운드(약 47억 엔)의 지원금을 모으는 데 성공했습니다. 인터넷이 없는 시대라면 황당무계할 수도 있는 도전이지만 변화의 시대이기에 가능한 일이 아닐까요? 100세의 토머스 씨는 도전을 시작하고 자신의 행동을 실험으로 실천한 분입니다.

일본에서는 55세가 정년이었던 때도 있었고, 여전히 40대, 50대라고 하면 왠지 인생의 끝자락이 보이기 시작하는 시기라는 분위기가 아직도 남아 있습니다. 하지만 인생이 초등학교와 같은 6년 과정이라고 한다면 40대, 50대는 3학년, 4학년에 해당하고, **지금부터가 도전을 본격적으로 시작할 시기**라고 생각합니다.

긴 인생을 즐겁고 보람차게 보낼 수 있는지는 나에게 달려 있습니다. 그리고 우리는 장수 시대의 선두 주자로서 **아이들에게 새로운 삶의 방식을 제시해 나갈 책임**도 갖고 있습니다.

02

커리어 자율이라는 환상,
커리어는 연결과 응원으로 완성된다

　최근 많은 조직에서 종종 들려 오는 말이 커리어 자율이라는 키워드입니다. 지금까지는 신규 졸업자 공채를 시작으로 연차별로 관리하는 승진과 이동을 반복하면서, 회사 주도로 이루어지는 커리어 형성이 대세를 이루는 시기가 오랫동안 지속되어 왔습니다. 그렇기에 커리어의 문제는 개인적으로 그다지 깊이 고민할 필요가 없다는 생각이 만연했습니다. 커리어 연수 중에 '이동도 승진도 회사에서 알아서 결정해줄 텐데 커리어를 고민한들 무슨 소용이 있겠어요'라는 말이 나오기도 했습니다.

　오늘날 이러한 회사 주도형 커리어 형성에서 스스로 커리어를 주도해 나가는 커리어 자율의 인식이 필요하다고 이야기합니다. 하지만 커리어는 자율적으로 디자인해야 한다는 인식 속에는 오해도 함께 확산되고 있는 것이 사실입니다.

　오해는 바로 **'커리어는 나 혼자서 생각해야 한다'**는 오해입니다. 나의 인생은 내 것이기 때문에 원하는 대로 설계하면 된다는 극단적인 개인주의로 치우치는 사람도 있고, 동료나 가족, 심지어 직장에서 만난 친구 등, 다른사람에게 나의 커리어에 대한 상담은 하기 힘들고 하는 게 아니라는 마음의 경계심도 존재합니다.

커리어를 설계하고 이를 실현하기 위해 행동으로 실천하는 것에 뭔가 석연치 않은 분위기를 조성하는 조짐이 사회나 조직에 아직도 남아 있는 것이 아닐까요? 또 이러한 분위기에서 벗어나기 위해 어쩔 수 없이 극단적인 개인주의가 되어 고독함을 느끼는 분들도 있지 않을까요?

진정한 커리어 자율이란 고립되는 것이 아니라 다양한 동료들과 연결되어 서로 응원해 줄 수 있는 관계를 구축해 나간다는 점입니다. **소속된 조직과 동료와의 연결만으로 형성되어 왔던 커리어에서 탈피해 새로운 연결고리를 창출함으로써 나를 응원해 줄 수 있는 수많은 사람들과 연결을 확장해 나가는 것입니다.**

그리고 **당신도 누군가의 커리어에 도움을 줄 수 있는 사람이 된다는 의미**이기도 합니다. 서로가 서로에게 도움을 줄 수 있어야 진정한 자율이라고 할 수 있습니다. 커리어 자율이란 연결과 응원을 얼마나 확장해 나갈 수 있는지와 그러한 것들을 얼마나 많이 가지고 있는가에 달려 있다고 할 수 있습니다.

03
가능성은 무한대!

커리어도 뷰카(VUCA) 시대에 접어들었습니다. 소중한 목표를 잃는 것은 충격적인 일이지만 목표를 상실해 버린 내가 상상조차 하지 못했던 새로운 나와 만날 수 있다는 희망적인 시대이기도 합니다. 다만, 좀처럼 이러한 한계를 돌파하지 못하는 사람이 있는 것도 사실입니다. 여기에는 두 개의 커다란 벽이 있습니다.

하나는 **사회의 상식이라는 벽**입니다. 이것은 과거부터 쌓인 것으로 사실은 현재의 사회구조에는 맞지 않을 확률이 높아지고 있습니다. 현재 상태, 상식이라고 불리는 것은 이미 과거의 것이 되어 가고 있고, 과거의 상식을 믿고 만족스러운 커리어를 만들어 가는 것은 극히 일부 사람들뿐입니다. 이러한 사고 방식을 확실하게 재인식하는 것이 중요합니다.

또 다른 하나는 **'나다움'이라는 벽**입니다. 나다움, 나를 열정적이게 하는 것들을 소중히 여기라고 지금까지 이야기해 왔습니다. 하지만 그러한 것들이 전혀 없다고 한다면, 나다움의 의미를 너무 작게 해석하고 그 안에서 벗어나지 못한 분들이 아닐까 생각합니다.

조금 복잡할지 모르겠습니다만, 나다운 커리어를 만들어 가면서 나의 틀 안에서 탈피하려고 하는 노력은 계속해서 필요합니다. 정말로 이것이 나다움인가를 항상 의심해 보는 것이 중요하고, 나다움의 함정에 빠져 있지는 않은지 끊임없이 확인해야 합니다.

나다움을 확인하기 위한 기준으로는 우선 매우 단순한 방법이지만 1년 전, 2년 전과 비교하여 내가 앞으로 나아가고 있는가를 확인하는 것입니다. 결과적으로 커리어가 앞으로 나아가고 있다고 느껴진다면 그것으로 충분합니다. 조금 정체되어 있다고 느낀다면 나다움이 장벽이 되어 있지 않은지 확인해 보십시오. 다음으로, 나다움의 의미가 '무엇을 하기, 행동하기'의 계기가 되는 것보다 '무언가를 하지 않기, 행동하지 않기'의 계기가 되는 것이 더 많지 않은지 확인해 주시기 바랍니다. 무언가를 부탁받거나 기회가 있을 때 나답지 않다고 느껴 제동을 거는 경우가 많다고 생각된다면 나다움을 파악하는 방법에 수정이 필요합니다.

여러분은 누구나 상상 이상의 내가 되는 역량을 가지고 있습니다. 가능성은 무한대입니다. 이제 전진만 하면 됩니다.

길은 모든 사람들에게 열려 있다!

"내 인생의 핸들을 스스로 잡고 있습니까?"

어느 워크숍에서 한 말입니다. 핸들을 잡고 있다는 것은 나의 인생을 나의 책임하에 두고 스스로 선택해 나간다는 의미입니다. 다시 말해, **나의 인생 목적과 견주어 보면서 모든 것을 선택한다는 의미입니다.**

누군가의 눈만 의식하면서 있지도 않은 정답 찾기를 했던 저는 이 말을 통해 내가 인생의 운전대를 잡고 있지 않았다는 깨달음을 얻었습니다.

그때부터 나와 마주하기 시작했습니다. 코치에게 코칭을 받으며 지금까지 느껴왔던 것들에 대해 다시 생각해 보기도 하였습니다. 더 나아가 삶의 목적을 탐색하고 나약함과 마주하고 나다운 인생의 방식을 모색해 나갔습니다.

그리고 이직을 결심했습니다. 하지만 마흔을 훨씬 넘긴 커리어 전환이었습니다. 하고 싶은 일이었지만 과연 가능할까 하는 두려움 또한 느끼고 있었습니다. 그런 저에게 코치님이 말해 주었습니다.

"무섭다는 건 그만큼 가치가 있는 도전이라는 의미지요."

이 말을 듣고 결심하게 되었습니다. 내가 인생의 핸들을 스스로 잡게 된 변화의 순간이었습니다. 참고로 여기에서 말하는 변화는 이직을 이야기하는 것은 아닙니다. 내 삶의 목적에 온전히 맞춰 살게 되었다는 점입니다.

다른 사람의 눈을 신경 쓰지 않고 생각한 바를 밖으로 표출하면서 행동에 옮기게 된 점이 가장 큰 변화입니다. **사람은 나이와 상관없이 인생의 핸들을 스스로 잡으면 변할 수 있습니다.**

얼마 전 중학교 3학년 딸이 반의 학급 안내문을 보여 주었습니다. 도덕 수업에서 소재로 한 시에 맞춰 '길은 모든 사람에게 열려 있다'에 대한 생각을 학생들이 쓴 글이었습니다.

거기에는 나만의 길을 만들어 가는 중학생들의 강한 의지가 담겨 있었습니다.

'당신은 자신의 길을 스스로 만들어 가고 있습니까?'라고 저에게 묻고 있는 것처럼 느껴졌습니다. 아이들에게 가슴을 활짝 펴고 살아가는 모범적인 인생을 보여주고 싶다는 생각을 새삼스럽게 하였습니다.

저는 여러분의 힘을 많이 빌리면서 저의 길을 만들어 가겠습니다.

여러분도 함께 나다운 길을 만들어 가지 않으시겠습니까?

키타무라 유조(北村祐三)

다른 사람과는 다른 나를 발견하기

이 책의 필자 세 명은 1973년생, 1974년생입니다.

필자 세대는 소위 말하는, 차별화된 교육을 받고 유명한 대학에 입학해 안정된 회사에 취직하고 정년을 맞이했던 세대입니다. 그리고 노후에도 퇴직금을 받아 금전적으로 불편함 없이 생활하는 것을 최근까지 당연하게 여기는 커리어 세대입니다. 그러나 이러한 당연함은 이제 존재하지 않습니다. 많은 분들이 이러한 사실을 깨닫고 있습니다.

하지만 그런 현실을 받아들이면서도 눈앞에 닥친 일을 처리하는 데에만 급급하거나 나에게는 아직 직접적인 영향이 없기에 미래의 일이라고 생각하고 등한시하는 분들도 많으리라 생각합니다.

이러한 분들은 **이미 사라진 목표를 향해 눈을 감은 채로 앞을 향해 달려가고 있는 모습**을 상상해 보십시오. 얼마나 무모한 일인지 보이지 않으십니까?

이번 사례 연구에서 등장한 네 명의 공통점은 의외로 최종 목표를 명확하게 설정하지 않았다는 점입니다. 커리어 워크숍에서는 비전 설계가 중요하다고 합니다만 명확히 설정하지 않는 것이 핵심이었습니다.

그렇지만 눈을 똑바로 뜨고 눈앞에 보이는 흥미와 관심을 마주하며 희미하게 보이는 나만의 목표를 향해 전진하고 있었습니다. 그리고 중요한 것은 네 명 모두 **명확하게 보이지 않는 상황에서도 앞으로 나아가는 것을 즐기고 있다는 점입니다.**

남들과 다른 것, 새로운 것을 시작하는 일은 강한 용기가 필요합니다. 단지, 한 발짝 내디뎌 보면서 그 앞에 새로운 즐거움이 기다리고 있다는 것을 사례 연구에서 느끼셨다면 필자로서는 더할 나위 없이 기쁘겠습니다.

사람마다 다른 커리어를 영위해 나가는 것이 당연한 시대는 이미 도래해 있습니다. 이것을 긍정적으로 받아들이면 나만의 세상에 단 하나뿐인 커리어를 만들 수 있는 시대가 됩니다. 이러한 세상에 단 하나뿐인 커리어를 가진 사람들이 모여서 같은 목적 아래 함께 일할 수 있다면 얼마나 재미있을까 생각만으로도 심장이 뛰지 않으십니까?

지금까지는 같은 가치관으로 일체감을 강조하는 사회였지만 **가치관은 다양하면서, 목적 자체로 일체감을 가지는 사회가 된다면 어떤 미래가 펼쳐질까요?**

그런 미래를 상상하면서 여러분이 다른 사람들과는 다른 나의 모습을 발견해 나가는 것부터 저희와 함께 시작해 보시기를 진심으로 바랍니다.

마지막으로, 본서의 집필에는 많은 분들이 지원해 주셨습니다. 저자를 대표하여 진심으로 감사드립니다. 이 책의 취지에 공감해 흔쾌히 취재에 협력해 주신 코다마 토모미(児玉智美) 씨, 난바 타케시(難波猛)

씨, 코바야시 토시(小林 等) 씨를 비롯하여 아사이 코이치(浅井公一) 씨, 나가쿠보 히로요(永久保宏代) 씨는 취재 이외에도 많은 영감을 주셨습니다. 다시 한번 감사드립니다. 또 출판을 위해 애써 주신 편집자 사카이 케이코 씨에게도 재차 감사의 말씀 드립니다.

이 책을 통해 많은 분들이 나다운 커리어를 만들어 나가시기를 바라는 바입니다.

아유하 타카시(阿由葉隆)

뷰카(VUCA) 시대의 커리어 디자인

초판 1쇄 발행일 ㅣ 2022년 10월 10일

지은이 ㅣ 가타오카 유우지(片岡裕司)
　　　　키타무라 유조(北村祐三)
　　　　아유하 타카시(阿由葉隆)
번역　 ㅣ 허제인
펴낸곳　ㅣ 북마크
펴낸이　ㅣ 정기국
디자인　ㅣ 서용석
관리　 ㅣ 안영미

주소　 ㅣ 서울특별시 동대문구 무학로45길 57 명승빌딩 4층
전화　 ㅣ (02) 325-3691
팩스　 ㅣ (02) 6442 3690
등록　 ㅣ 제 303-2005-34호(2005.8.30)

ISBN　ㅣ ISBN 979-11- 85846-33-0 13320
값　　 ㅣ 15,000원